U0916244

公道文源

商志晓　孙书文等·著

山东人民出版社·济南
国家一级出版社　全国百佳图书出版单位

图书在版编目（CIP）数据

公道文源/商志晓，孙书文等著.--济南：山东人民出版社，2019.8

ISBN 978-7-209-10764-8

Ⅰ．①公… Ⅱ．①商… ②孙… Ⅲ．①大同(政治主张)－研究 Ⅳ．①D092

中国版本图书馆CIP数据核字(2019)第002711号

公道文源

GONGDAO WENYUAN

商志晓　孙书文　等著

主管单位　山东出版传媒股份有限公司
出版发行　山东人民出版社
出 版 人　胡长青
社　　址　济南市英雄山路165号
邮　　编　250002
电　　话　总编室（0531）82098914
　　　　　市场部（0531）82098027
网　　址　http://www.sd-book.com.cn
印　　装　山东新华印务有限责任公司
经　　销　新华书店

规　　格　16开（169mm×239mm）
印　　张　14
字　　数　200千字
版　　次　2019年8月第1版
印　　次　2019年8月第1次
ISBN 978-7-209-10764-8
定　　价　48.00元

“文化三源”丛书编委会

总　序

王清宪

2013年11月26日，习近平总书记视察山东，在曲阜发出“大力弘扬中华传统文化”的号召，强调着眼于“四个讲清楚”，推动中华优秀传统文化创造性转化、创新性发展，强调一个国家、一个民族的强盛，总是以文化兴盛为支撑的，中华民族伟大复兴需要以中华文化发展繁荣为条件。这充分彰显了以习近平同志为核心的党中央高度的文化自觉与坚定的文化自信，对于系统研究、传承弘扬中华优秀传统文化，进一步增强文化自信，具有重大的理论意义和指导意义。

文化自信，是更基础、更广泛、更深厚的自信，是更基本、更深层、更持久的力量。它源于深刻的文化自知，源于对自身优秀传统的礼敬。中国的文化自信，是建立在华夏5000多年文明传承基础之上的。坚定文化自信，必须回到中华文化的源头，探寻“根”和“魂”，明辨“枝”与“脉”。

孔子创立的儒家学说以及在此基础上发展起来的儒家思想，对中华文明产生了深刻的影响，是中国传统文化的重要组成部分。孔子“祖述尧舜，宪章文武”“述而不作，信而好古”，集上古文化之大成；孟子则“述仲尼之义”“道阐尼山”，对孔子的思想学说进行深化与发展，开启了儒学发展的新局面。孔孟之道影响深远，中国历代都非常重视，认为它就像布帛粟菽，民生日用不可或缺。然而在历史上，孔孟之道也受到了很多的怀疑、指责乃至揶揄、谩骂，时至今日，诸多误解与偏见仍然存在。对孔孟之道进行正本清源，就是要还原本来，采集“原浆”，揭示中华优秀传统文化的价值之源，使今天的我们依然可以将其与现代社会、当代思想相结合，从而获得解决当代人类所面临诸多难题的重要启示。

孔子好学而博学，他“学无常师”，曾前往洛邑向老子请教，老子以“深藏若虚”“容貌若愚”“毋以有己”等告之。对于老子“因应变化于无为”的“虚无”之道，孔子显然颇为钦佩，他感慨曰：“其犹龙邪！”不论孔子还是老子，他们的学说都是在中国古代文明漫长发展的历史进程中结出的硕果。孔子问学于老子，是中国文化发展史上的重大事件。读懂孔老对话，也就领会了中国文化的要旨。老子贵“无”，孔子重“有”，看似截然不同，其实中华文化正是以“有”“无”之道开启众妙之门，将其视为“一”而不是割裂开来，恰如“同一轴轩的两极”，相反相成，相生相养，辩证统一。其实，最懂老子者莫若孔子，而孔子亦何尝不是把老子引为知己与同道。遗憾的是，后世更多强调二者学说之异，反倒是忽略了两位思想家在理想境界及思想来源上的一致性。只有认识清楚儒家与道家的同源性、互补性，才能真正汲取中国智慧，坚守中华文化立场。

正所谓“天下一致而百虑，同归而殊途”，儒、墨、道、法各家无不关注社会现实，以治世安邦为己任，皆“务为治者也”。在孔子看来，要实现天下大治，每一位社会成员都应该具备良好的公德意识和公共意识。立天下之正位，行天下之大道。只有“天下为公”，方能实现“天下大同”。这正是中华民族一以贯之、最为深沉的理想追求，直至今天依然是中华民族的梦想。通过梳理、阐发“天下为公”的文化之源、大道之理，我们更为深刻地领会到，中国特色社会主义植根于中华文化的沃土，走中国特色社会主义道路，是历史的选择、人民的选择，具有无比坚实的底蕴。中华优秀传统文化正是我们坚定中国特色社会主义道路自信、理论自信、制度自信、文化自信的不竭源泉。

“问渠那得清如许，为有源头活水来。”中华文化恰似一条奔流不息的大河，只有找到“源头”，才能“不畏浮云遮望眼”，讲清楚“历史的中国”与“现在的中国”；只有保护好“活水”，才能坚定文化自信，坚持中华文化立场，讲好“中国故事”。

在习近平总书记视察山东曲阜五周年之际，我们组织专家学者，从培育和树立文化信仰与价值追求出发，着眼于“四个讲清楚”，深入挖掘和阐发以孔子及儒家思想为代表的中华优秀传统文化，编写了“文化三源”（《孔孟正源》《儒道同源》《公道文源》）丛书。丛书既追根溯源，探寻中华民族的文化基因，又正本清源，还历史和文化以本来面目，研究传统文化的时代价值，有助于我们深刻认识和把握中国特色社会主义文化的渊源、立场，结合新时代新使命新要求，深入贯彻落实习近平新时代中国特色社会主义思想，坚守文化立场、坚定文化自信、振奋民族精神，为实现“两个一百年”奋斗目标、实现中华民族伟大复兴中国梦提供强大精神动力、凝聚磅礴力量。

立足伟大变革的中国，我们的研究还刚刚开启；置身一日千里的时代，我们的研究永远都是进行式。“嘤其鸣矣，求其友声”，“如切如磋，如琢如磨”，期待各位方家指正！

目　录

第一章　天下为公的大同理想

中国自古就有追求天下为公的传统。数千年中国传统社会形成了以公为本位的政治与道德要求和价值取向，并不断地加以强化。可以说，大公无私、崇公抑私、立公去私、重公轻私、公而忘私等政治要求和道德观念，以及对公而无私的大同社会的追求，代表了中国古代绝大多数政治家、思想家的政治理想、道德追求，崇尚公道构成了中国传统文化的思想主流和核心价值观，建立公而无私的大同社会是历代中国人的理想追求。

一、公道思想的起源

中国传统文化中的公道思想起源甚早。中国公道思想的产生形成，与中国特殊的地理环境有关，更与上古三代中国政治家的政治实践直接相关。

（一）公道思想产生的地理环境因素

任何民族的生息繁衍都有其具体的生存空间。中华民族长期栖息于地球的东方，独特的地理环境孕育了中华民族独特的思维方式和价值观念，形成了独具特色的中华文化。中华文化的公道思想，与中华民族独特的生存空间密切相关。费孝通先生曾指出："中华民族的家园坐落在亚洲东部，西起帕米尔高原，东到太平洋西岸诸岛，北有广漠，东南是海，西南是山的这一片广阔的大陆上。这片大陆四周有自然屏障，内部有结构完整的体系，形成一个地理单元。这个地区在古代居民的概念里是人类得以生息的、惟一的一块土地，因而称之为天下，又以为四面环海所以称四海之内。这种概念固然已经过时，但是不会过时的却是这一片地理上自成单元的土地一直是中华民族的生存空间。"① 可以说，费孝通先生准确揭示了中华民族长期生存繁衍的地理空间特征，即这是个一面临海，三面为陆上高山或戈壁沙漠阻隔的半封闭的地理环境。

这种地理环境对中华文化的形成发展产生了重要的影响。一方面，这个地理空间相对独立，难以像欧洲一样大规模地与外部地区进行交流；另一方面，这又是一个相对广袤的生存空间。在这个环境中，涵括了农田、草原、森林、沙漠、高山、海洋等不同地貌特

---

① 费孝通主编：《中华民族多元一体格局》（修订本），中央民族大学出版社1999年版，第4页。

点，各地形成了农耕、渔猎、牧业等不同的生产方式，进而在中国历史的上古时代，产生了大大小小的采用不同生产方式的部落和方国。中国上古史中三皇五帝、尧舜禹等所领导的部落联盟，就是这样一种由不同部族集团形成的政治联盟。不同的部落、方国有不同的文化，这些有着独立源头的族群文化在民族融合的进程中逐渐融合，成为中华文化有机体的一部分。这种独特的生存空间，使中华民族呈现独立性、稳定性及多元性的特点。反应在中华文化的特征上，就是多元一体格局。

不过，因为中华民族的主体长期生活在黄河、长江流域，以农业生产为主，所以中华文明总体上是一种农耕文明。由于中华民族长期在一个半封闭的独立生存空间中进行农耕劳作，所以古老的先民就把整个宇宙想象成“天圆地方”的构造。在这种宇宙构造中，世间万物包括人类社会都笼罩于天的下方，人与天有着内在的关联。农业生产靠天吃饭，五谷丰登依靠上天的恩泽，所以先民形成了天生万物、天人合一的思维模式和价值观念，认为天地万物都是天的儿女，效法天道、惠泽万民是人的应有本分。加之中华民族的宗族血缘关系一直没有被打破，人效法天道就是要像天爱护万物一样爱护他人和万物，自然就形成了“天下一家、中国一人”的观念。天下为公观念正是这种观念的自然衍生。

（二）尧舜禹禅让与公道观念的原始典范

中国公道思想的最早起源，可以推至上古尧舜禹的禅让典故。

《礼记·礼运篇》有言："孔子曰：'大道之行也，与三代之英，丘未之逮也，而有志焉。大道之行也，天下为公，选贤与能，讲信修睦。故人不独亲其亲，不独子其子。使老有所终，壮有所用，幼有所长，矜寡孤独废疾者，皆有所养。男有分，女有归，货恶其弃于地也，不必藏于己；力恶其不出于身也，不必为己。是故谋闭而不兴，盗窃乱贼而不作。故外户而不闭，是谓大同。'"其中"大道之行也，天下为公，选贤与能，讲信修睦"的大同盛世景象，主要是对尧舜禹时代王位禅让故事的记忆和想象。

传说黄帝之后，在黄河流域的部落联盟中先后出现了尧、舜、禹三个著名的领袖。尧是帝喾的儿子、黄帝的五世孙。尧当上部落联盟的首领，和大家一样住茅草屋，吃糙米饭，煮野菜汤，夏天披粗麻衣，冬天只加块鹿皮御寒，衣服、鞋子不到破烂不堪绝不更换，所以深得老百姓的拥护。尧在位七十年，要寻找继承人。有人推荐其子丹朱继位，但丹朱性情粗野，经常寻隙滋事，所以尧不同意。后来尧又召开部落联盟议事会议，讨论继承人的人选问题。大家都推举舜，说他德能深孚众望。尧非常高兴，把自己的两个女儿娥皇、女英嫁给舜，并考验了舜很多年才将帝位禅让给他。舜接位后，亲自耕田、打鱼、制陶，深受大家爱戴。舜通过部落联盟会议，让八元管土地，八恺管教化，契管民事，伯益管山林川泽，伯夷管祭祀，皋陶作刑，完善了社会管理制度。舜也仿照尧的样子召开继位人选会议，民主讨论继承人问题。大禹治水有功，德才兼备，于是大家推举禹来做继承人。舜死后，禹做了部落联盟的首领。

司马迁在《史记》中记载了尧舜禹禅让的故事，指出尧放弃了自己的儿子丹朱，将天下共主之位让给贤德的舜，而舜也放弃了自己的儿子商均，把天子之位让给功盖天地的大禹。这种传位以德不以亲的做法，被称作“禅让”。可以说，尧舜禹之间的王位禅让充分显示了原始民主的基本特色以及公天下的价值观念。一方面，尧、舜不把王位传给自己的儿子而传给有德能的、被大家认可的舜和禹，体现了尧、舜是以公心而非私意运用公共权力。另一方面，舜出身平民，禹为罪臣之子，他们能成为最高领袖也主要是因为有天下为公之德。《尚书·尧典》载，四岳向尧推荐舜时说道，舜“父顽，母嚚”，而“克谐以孝”。舜不顾父母的屡屡刁难而不改孝顺父母之心，体现了舜毫无私心的光辉人格。《史记·夏本纪》记大禹治水“居外十三年，过家门不敢入”，更是公而忘私的表现。总之，无论尧舜禹禅让的故事是否为真，这种传位以德不以亲、依公心而非私情行禅让的故事能流传下来，并得到先民的大力颂扬，反映了先民对天下为公价值观念的认可与追求，实际上成为中国公道观念的最早源头。

（三）夏商周时代公道思想的演进

由夏代开始，中国社会进入了私有制社会，开始由公天下进入家天下时代，尧舜禹所形成的禅让制也自然终结。不过，天下为公的观念并没有随着禅让制的终结而结束，而是随着殷周之际的思想及制度变革，特别是随着神本观念向人本观念转化开始获得更加理性的形式，并作为一种重要价值观念融入三代礼乐文明之中，对中华文明的产生与发展发挥了重要作用。

中国古人很早就产生了“灵魂”和“万物有灵”的观念[①]。处于混沌状态的远古先民依据其原始而自然的生存状态，产生了一种原始的物我不分、天人合一的观念。受这种观念影响，先民很自然地形成了“万物一体”及“天地一家”的观念，这构成了天下为公观念的文化基础。夏商两代对神灵的崇拜主要表现为对远古图腾的崇拜和巫术精神的承袭。据记载，夏代第一位国君启和最后一位国君桀均曾亲自上演巫歌巫舞[②]；商代帝王自认为是天帝的后代，所谓“天命玄鸟，降而生商”，他们自然以崇拜上天为重，“率民以事神”。夏商对神灵的崇拜，是为了表明国君是上天之子，即所谓“天子”，是代表上天治理民众的，而万民也是上天所生，所以天子要公心爱民，所谓“皇祖有训：民可近，不可下；民惟邦本，本固邦宁”(《尚书·五子之歌》)。这种建基于神灵信仰之上的民本思想，构成了夏商公道思想的基本内涵。

如果说夏商两代还处于“神巫为本”的蒙昧阶段，那么周代则是人文精神开始勃兴的理性时代。周代在传承夏商礼制文化的基础上，特别是经过周公制礼作乐，形成了以宗法等级制度为核心的丰富而完备的礼仪制度和礼乐文明。王国维指出：“中国政治与文化之变革，莫剧于殷周之际。”[③]周礼的一个最大的变革是从事奉鬼神的手

---

① 陈炎主编，廖群著：《神美隐现》，上海古籍出版社2017年版，第17—22页。

② 陈炎主编，廖群著：《神美隐现》，上海古籍出版社2017年版，第131—132页。

③ 周锡山编校：《王国维集》第四册，中国社会科学出版社2008年版，第135页。

段转变为强化伦理功能的工具，所谓“周之制度典礼，实皆为道德而设”[①]。而周代道德观念的核心，即“夙夜在公”“敬德保民”的公道观念。这种公道观念充分体现在三代时期特别是周代形成的《诗》《书》《礼》《易》《乐》《春秋》六经文化之中。按《尚书·微子之命》所载周王之语，曰：“崇德象贤……修其礼、物……抚民以宽，除其邪虐”，显而易见，周代更加看重政治上的贤明与德性，在制度上重视修礼，对民众施行宽松安抚的政策。《尚书·泰誓中》所载“天视自我民视，天听自我民听”以及《尚书·蔡仲之命》所载“皇天无亲，惟德是辅”，均体现出周代的民本思想及公道观念。

《尚书》所载主要是公道观念在政治方面的展现。事实上，在周取代商这一剧烈政治变动背后，隐含着中华文明在历史进程中从蒙昧到理性、从神本到人本的宏大转向，公道观念亦由朴素原始阶段过渡到理性人文阶段。不仅君王与大臣有此政治自觉，由氏族成员转化而居住于城邦内的国人也有这样的自觉。周厉王时，都城镐京的国人就曾因厉王暴政发动了“国人暴动”，结果厉王逃于彘，最后病死在该地。这在后世皇权深入人心的封建王朝中是难以得见的奇观。正是在神巫的权威失坠与皇权摄人的权威尚未建立之间，才能出现这样的政治情形。这些表明，公道思想在三代经历了从以神灵信仰为基础向以道德信仰为基础的转变，基于人本与德治的公道观念开始正式形成。

① 周锡山编校：《王国维集》第四册，中国社会科学出版社2008年版，第135页。

二、公道思想的多维展开与成熟定型

受春秋战国时期政治和经济大变动的影响，教育和学术领域也发生了深刻变化。王官之学的衰落和私学的兴起使学术由官府走向民间。春秋战国时代私人讲学的蓬勃开展推动了学术的自由发展，而社会的大变革引发了人们对社会的思考和人生的深度反思，最终造就了百家争鸣的兴盛局面。诸子百家在思考社会人生问题时，从不同侧面继承并发展了三代以来所形成的公道观念，在提出自己政治理想的同时，也在不断扩展公道的思想内涵，并推动公道观念在政治和社会生活中的落实。经过春秋战国几百年的发展，最终形成了以仁爱、民本、诚信、正义、和合、大同等为思想内核，涵括从形上到形下，从个人修养、家族关系到政治制度等各个方面的思想体系，标志着中华传统文化公道思想的最终定型。从此，天下为公的大同社会理想成为古代知识分子为政修身所追求的终极目标，对后世政治制度和中国人的思想观念均产生了深刻影响。

（一）儒家的公道思想

儒家学派作为春秋战国时期诸子百家中的显学，以仁爱为基础，重视德性修养与教化，以修身齐家治国平天下为人生追求，为公道思想的发展提供了德治、民本等政治理论基础。

孔子是儒家公道思想的首倡者。孔子一生志在恢复三代特别是周代礼乐秩序，而这套秩序是每个社会成员通过克己复礼转化私心、各安其分实现的，本质上是一套公道秩序。孔子为了实现自己的政治理想，提出了以“仁”—“礼”为核心的思想体系。孔子在其“仁——礼”结构的思想体系中，以情感为理论底色，将天道内化为内在的德性追求，要求君主注重道德修养，存心为公，以仁爱之心对待百姓；同时，强调对百姓施以教化，以德化民，通过道德教化及礼仪规范使百姓知礼、守礼、不逾礼，以营造一种不以私欲为重，以公心为美的社会和睦的良好氛围。

孔子所主张的“德”，核心是仁、义、礼、信等德目，这些德目都指向对“公”的追求。“仁”的本义是一种无私之爱，是克去己私之后所呈现的一种无私的道德情感。作为统治者来说，其“仁”表现为爱民利民，以民为重，即所谓“仁者爱人”。而“义”主要是指社会的公义与正义，其核心内涵也是“公”及“公利”。孔子讲道德仁义，但不主张纠结于小仁小义，在个人小义与天下大义面前，他以天下百姓为重，以公共社会的福祉为重。在孔子的思想体系中，“公”“义”是联系在一起的，与“私”“利”相对。孔子常言“见利思义”“君子义以为质”，“义”即公义、正义，亦有正当、合理之意。君子的人生境界最终表现为由私向公的转化，表现为“公”的境界。孔子又特别强调“信”，其言：“人而无信，不知其可也。大车无輗，小车无軏，其何以行之哉？”[①]信乃真诚无私之意。生而为

---

① 杨伯峻：《论语译注》，中华书局2009年版，第21页。

人，却不讲诚信，如大车无輗，小车无軏，如何能行走呢？在孔子思想中，“仁”与“礼”是一种表里关系。孔子以“仁”为其思想内核，“仁”之外在表现则为“礼”。在孔子那里，“礼”不仅是西周的礼乐等级制度，更是人们行为的准则及人人应该遵循的社会原则和规范。因此，孔子的政治思想外现为“以礼治国”，“道之以德，齐之以礼，有耻且格”[①]。仁礼不相违背，反而在其相互配合中，才能实现“老者安之，朋友信之，少者怀之”[②]的人人各安其位，秩序井然，社会和睦的局面。

儒家奉公，具体表现为对“无私”的倡导。《礼记·孔子闲居》载孔子言：“天无私覆，地无私载，日月无私照。奉斯三者以劳天下，此之谓三无私。”[③]孔子以无私反衬公平，彰明了其公平博爱的个人品质。在教育中，孔子打破学在官府的传统，大开私人讲学之风，“以诗书礼乐教，弟子盖三千焉”[④]，以此促进中国古代教育的公平性，更促进了公道思想在全社会的普及。作为一名政治家，“公道”思想更贯彻于孔子的治国理念中。季氏将伐颛臾，孔子告诫冉有曰：“丘也闻有国有家者，不患寡而患不均，不患贫而患不安。盖均无贫，和无寡，安无倾。”[⑤]公平不仅表现在社会方面，更体现在经济和政治方面。面对季氏伐颛臾，孔子从具体的社会分配阐释社会

① 杨伯峻：《论语译注》，中华书局2009年版，第11—12页。
② 杨伯峻：《论语译注》，中华书局2009年版，第51页。
③ 杨天宇：《礼记译注》，上海古籍出版社1997年版，第877页。
④ 司马迁：《史记》，中华书局2009年版，第329页。
⑤ 杨伯峻：《论语译注》，中华书局2009年版，第195页。

稳定的要求，集中体现了孔子对公道的重视。孔子以仁爱之心作为自己政治理想的底色，以博爱之怀救民于水火，博施济众，修己安人，以社会公义作为自身的道德追求，丰富了公道思想的内涵。

孟子在继承孔子思想的基础上，侧重于发展孔子的道德哲学和政治哲学中的民本思想。儒家重德，“德”之一字，本身就具有社会公德的含义。在孟子看来，人性本善，人先天具有“四端之心”：“恻隐之心，仁之端也；羞恶之心，义之端也；辞让之心，礼之端也；是非之心，智之端也。”[①]仁义礼智是人的本心，是“天之所与我者”，同时也是人之为人的本质。在此基础上，孟子提出了人格修养的一系列措施，主要是通过保养“四端之心”来存养“浩然之气”，以培养宏大刚毅、坚定不移的气节和情操，如他所说：“生亦我所欲也，义亦我所欲也；二者不可得兼，舍生而取义者也”[②]，“富贵不能淫，贫贱不能移，威武不能屈”[③]，等等，都表现了他对公而无私的道德人格的追求。

以人性论为基础，孟子继承孔子伦理政治的内核，主张实行“仁政”，明确提出“民贵君轻”的政治理念。孟子言：“民为贵，社稷次之，君为轻。是故得乎丘民而为天子，得乎天子而为诸侯，得乎诸侯而为大夫。”[④]百姓最为重要，土谷之神次之，君主为轻。只

---

① 杨伯峻：《孟子译注》，中华书局2016年版，第84页。

② 杨伯峻：《孟子译注》，中华书局2016年版，第293页。

③ 杨伯峻：《孟子译注》，中华书局2016年版，第150页。

④ 杨伯峻：《孟子译注》，中华书局2016年版，第367页。

有得到百姓的拥护，才可得而为天子，君主之位为百姓所予。事实上，早在孔孟之前，民本思想已然萌芽。《尚书·盘庚篇》中曾多次强调“重民”，“重我民，无尽刘”（《四书五经》），“朕及笃敬，恭承民命，用永地于新邑”[①]。《管子·霸形篇》中也有“齐国百姓，公之本也”，“夫霸王之始也，以人为本”的论述。而孟子将“重民”思想进一步发展为“民本”思想，将百姓作为政治主体，并把君主的合法性存在建立在民众拥护的基础之上。“诸侯危社稷，则变置。牺牲既成，粢盛既絜，祭祀以时，然而旱干水溢，则变置社稷。”[②]百姓是国家的主体，君主是国家的管理者，不得凌驾于百姓之上。正如孟子答齐宣王，“君有大过则谏；反覆之而不听，则易位”[③]，更言武王伐纣为“闻诛一夫纣矣，未闻弑君也”[④]。孟子的君民之论对上层统治阶级起到了警醒作用，在一定程度上限制了君权的无限膨胀，主张君主应以天下百姓为重。故而，在与梁惠王的交谈中，孟子主张君主应与百姓同乐。

与这样的政治哲学思想相一致，在具体的政治制度和政策中，孟子更加注重公平和公正。如在人才的选拔和任用中，孟子言：“国君进贤，如不得已，将使卑逾尊，疏逾戚，可不慎与？左右皆曰贤，未可也；诸大夫皆曰贤，未可也；国人皆曰贤，然后察之；见

① 杨伯峻：《孟子译注》，中华书局2016年版，第240页。

② 杨伯峻：《孟子译注》，中华书局2016年版，第367页。

③ 杨伯峻：《孟子译注》，中华书局2016年版，第276页。

④ 杨伯峻：《孟子译注》，中华书局2016年版，第44页。

贤焉，然后用之……故曰，国人杀之也。”[①]以民意断贤能，决讼狱，强化了百姓的地位和作用，更突出了君民平等之意。在具体的措施中，孟子主张保民、养民、富民、教民，并明确提出为民制产。为民制产，始于划分田界，“夫仁政，必自经界始。经界不正，井地不钧，谷禄不平，是故暴君污吏必慢其经界。经界既正，分田制禄可坐而定也”。[②]若田界划分不正，井地大小不均，则谷禄收入不公平，暴君污吏便侵吞百姓之田，以满足自己的私欲。田界划分公平正确，则分田制禄可毫不费力地作出裁定。孟子希望通过这一系列养民政策的实施，实现自己所追求的理想社会，即，老者衣帛食肉，黎民不饥不寒，百姓生活富足；颁白者不负戴于道路，老者慈爱幼者，少者以孝悌行，社会和睦，秩序井然。很显然，这是一个人人有衣有食、老幼各有所养的大同社会。

（二）道家的公道思想

春秋战国时期是一个战乱频繁、私利盛行的时代。士人阶层面对这样的现实状况，不约而同地转向对“公道”的追求。所以，不仅仅是儒家崇尚公道，其他各家各派中也均有对公道的发展。

与孔孟不同，道家的老子从形而上之“道”出发，认为万物由“道”而生，“道生一，一生二，二生三，三生万物”[③]。但人与天、

① 杨伯峻：《孟子译注》，中华书局2016年版，第43页。

② 杨伯峻：《孟子译注》，中华书局2016年版，第127页。

③ 王弼注，楼宇烈校释：《老子道德经注校释》，中华书局2008年版，第117页。

地、“道”的价值相同，“道大，天大，地大，王亦大。域中有四大，而王居其一焉”[①]，人也可以通过效法天地自然来把握“道”。正因为“道法自然”，故而并不存在人之高低贵贱的区分，人与万物都是自然而然产生的，人与万物都是平等的。“圣人”与天地合德，与“道”同于自然，故而同万物皆等。以此为基础，老子提出了“小国寡民”的政治理想：“小国寡民，使有什伯之器而不用，使民重死而不远徙……邻国相望，鸡犬之声相闻，民至老死不相往来。”[②]老子主张道法自然，故而人皆由“道”所生，地位平等，并不存在等级的区别，所以治国也以无为为主，人皆自治。这是对人人平等、公而无私的理想社会的追求。

庄子进一步发挥老子思想，提出“齐物论”，指出“天地与我并生，而万物与我为一”[③]。在庄子看来，以“道”观世人认知中美丑、大小、长短等的差别，则万物为一，每一个事物的存在均有其存在的理由，“故为是举莛与楹，厉与西施，恢诡谲怪，道通为一”[④]，人为的划分只会导致“混沌”的死亡。在政治哲学中，庄子主张“一而不党”，即为“公”。庄子所向往的是天地万物并育而不相害，皆实现其生存长养，自然生长，“当是时也，山无蹊隧，泽无舟梁；万物群生，连属其乡；禽兽成群，草木遂长。是故禽兽可系羁

① 王弼注，楼宇烈校释：《老子道德经注校释》，中华书局2008年版，第64页。

② 王弼注，楼宇烈校释：《老子道德经注校释》，中华书局2008年版，第190页。

③ 陈鼓应：《庄子今注今译》，中华书局2009年版，第80页。

④ 陈鼓应：《庄子今注今译》，中华书局2009年版，第69页。

而游，鸟鹊之巢可攀援而窥”[①]。庄子的理想社会，也在其对南越国的描述中呈现出来：“南越有邑焉，名为建德之国。其民愚而朴，少私而寡欲；知作而不知藏，与而不求其报；不知义之所适，不知礼之所将；猖狂妄行，乃蹈乎大方；其生可乐，其死可葬。”[②]这是一个乌托邦式的玄想，但真实反映了道家对大同社会的向往。

（三）先秦其他各家对公道思想的丰富

与儒家同期的墨家学派，立足于劳动者的角度，以“兼爱”为其社会理想的核心，提倡“兼以易别”，主张每个人都毫无分别地爱一切人，反对偏爱、偏私。墨子认为，所谓“贤者”，乃为“有力者疾以助人，有财者勉以分人，有道者劝以教人”[③]之人。通过贤者的不断努力，去实现“饥者得食，寒者得衣，乱者得治”[④]的理想公平社会。但墨家所倡导的公平，是绝对的平均主义，故而并不可能实现。

历史上，法家以君主制为核心内容，往往被看作私有制的维护者，但事实上，法家为解决公私之间的矛盾，立法制，守法令，这种严格遵循法律的表现形式恰恰在一个侧面丰富了公道思想的内涵。其主要表现在以下几个方面：其一，法家强调明君如天，执法公正。

---

① 陈鼓应：《庄子今注今译》，中华书局2009年版，第269—270页。

② 陈鼓应：《庄子今注今译》，中华书局2009年版，第538页。

③ 吴毓江撰，孙启治点校：《墨子校注》，中华书局1993年版，第98页。

④ 吴毓江撰，孙启治点校：《墨子校注》，中华书局1993年版，第98页。

为此法必须布于众，并争取做到家喻户晓，这样既能“使万民知所避就”，能以法律自戒，又能监督官吏公开断案，防止罪犯法外求情。其二，要严格依法办事，维护其权威性。任法而治要排除一切人为的因素，以免“人存政举，人亡政息”。其三，刑无等级，法一旦颁布生效，就必须官不私亲，法不遗爱，天子犯法与庶民同罪。这些都体现了法家公平执法的决心。

《吕氏春秋》是对先秦各家思想的综合。《吕氏春秋》载：“昔先圣王之治天下也，必先公。公则天下平矣。平得于公。尝试观于上志，有得天下者众矣，其得之以公，其失之必以偏。凡主之立也，生于公……天下，非一人之天下也，天下之天下也。阴阳之和，不长一类；甘露时雨，不私一物；万民之主，不阿一人。”[①]《吕氏春秋》从立君为公、圣王以公义为重、行政尚公等角度集中论述了“公”的思想，代表了春秋战国时代诸子百家公道思想发展的新高度。

总之，经过各家各派的共同努力，到了战国中后期，公道思想已经相当系统、丰富与成熟。正是在这样的背景下，《礼记·礼运篇》应运而生。《礼记·礼运篇》云：“大道之行也，天下为公，选贤与能，讲信修睦。故人不独亲其亲，不独子其子，使老有所终，壮有所用，幼有所长，矜寡孤独废疾者，皆有所养；男有分，女有归；

---

① 张双棣、张万彬、殷国光、陈涛：《吕氏春秋译注》，吉林文史出版社1987年版，第21页。

货恶其弃于地也，不必藏于己；力恶其不出于身也，不必为己。是故谋闭而不兴，盗窃乱贼而不作，故户外而不闭，是谓大同。”[①]这可以说是天下为公思想的总纲。“选贤与能”从道德和能力方面规定了政治参与者的选拔应以“贤能”为重。而何为“贤能之人”，关键看是否有大公之心。正如《大戴礼记·哀公问五义》所说：“所谓贤人者，好恶与民同情，取舍与民同统；行中矩绳而不伤于本，言足法于天下而不害于其身，躬为匹夫而愿富，贵为诸侯而无财。如此则可谓贤人矣。”[②]而“讲信修睦”，又从社会风尚和人际关系角度描绘了大同社会的状况。特别是“人不独亲其亲……是谓大同”，更为世人描绘了一幅公平、诚信、正义，充满温情与关爱，人民安居乐业，道不拾遗的理想社会图景。这种天下为公的大同社会虽是托孔子之口说出，但它不仅是儒家人物的政治追求，更是春秋战国时期士人阶层对生活的美好向往。战国时期《尉缭子》一书就明确提出：“夫谓治者，使民无私也。民无私则天下为一家，而无私耕私织，共寒其寒，共饥其饥。”（《尉缭子·治本第十一》）这和《礼记·礼运篇》对大同理想社会的追求是一致的。

---

① 杨天宇：《礼记译注》，上海古籍出版社1997年版，第362—363页。

② 黄怀信主撰，孔德立、周海生参撰：《大戴礼记汇校集注》，三秦出版社2005年版，第63—64页。

三、公道思想在中华文明进程中的传承发展

春秋战国时期被称为中国的“轴心时代”，诸子百家思想深刻影响了后世的发展。于春秋战国时期成熟定型的公道思想，特别是儒家的公道思想，在秦汉已降得到不断的传承与发展，建立大同社会越来越成为各阶层人民向往和奋斗的目标，深刻地影响了中国传统社会及中华文化的发展进程。从思想演进的角度观察，有几个节点特别需要注意：一是汉代董仲舒构建“天人感应”体系及汉武帝“罢黜百家、独尊儒术”政策的实施，推动了公道思想向政治实践层面落实；二是宋代理学体系的建构，为公道思想提供了形上根据，使公道思想更加深入人心，进一步强化了人们对公道思想的价值认同和价值追求；三是明清之际对皇权的批判，使公道思想到达新的历史高度。这几个环节对理解中国古人公道思想及大同理想社会追求至关重要。

（一）汉唐时期公道思想的传承发展

东周几百年诸侯割据的局面结束后，汉朝取代二世而亡的秦帝国，社会终于趋向稳定。经过充分的休养生息，到了汉武帝时国力复兴，重建王道的时机成熟。汉武帝最终纳取了董仲舒“独尊儒术”的建议，将儒学确立为官方学术形态，试图以儒学构建一个能够解决上至天命情性下至礼乐政治的思想秩序和政治社会秩序。

面对汉武帝“欲闻大道之要，至论之极”(《汉书·董仲舒传》)的追问，董仲舒首先着力阐明“儒学与天地古今同在的正义性与法理性”[①]，以便将儒学树立为汉武帝建立“大一统”政治模型的理论基础。董仲舒的这一努力是通过建立“天人感应”说实现的。在董仲舒那里，“天”具有人格性、自然性和道德性等多重属性，是神灵之天、自然之天和道德之天的结合体，它是生成天地万物的本原。人作为天的创生物，是与天“同类”的，人完全符合“天之数”，天人关系的本质是“以类合之，天人一也”，所以董仲舒说：“为人者，天也。人之为人，上本于天也。天亦人之曾祖父也。”(《春秋繁露·为人者天》)人之所以和天同类，是因为人就是天按照自己的形数、性质、时变有目的地塑造出来的。

董仲舒把人纳入“天之数”，意在强调人超然万物之上的尊贵地位，所谓“人之超然万物之上，而最为天下贵也。人，下长万物，上参天地”(《春秋繁露·天地阳和》)。人要“上参天地”，就是要效法天道“遍覆包函而无所殊，建日月风雨以和之，经阴阳寒暑以成之”(《春秋繁露·天地阳和》)，以大公无私之心去普遍地仁爱万物、成就万物。不过，在董仲舒看来，只有圣人、圣王和皇帝才能真正效法上天，做到“法天而立道，亦溥爱而亡私，布德施仁以厚之，设谊立礼以导之。”(《汉书·董仲舒传》)董仲舒强调：“天令之谓命，命

---

① 程世和：《论“天人三策”的思想意义》，载于《北京大学学报》(哲学社会科学版)2013年第1期。

非圣人不行。”(《汉书·董仲舒传》)只有皇帝能效法天道，展现出公而无私的仁爱之德，所谓“春者天之所以生也，仁者君之所以爱也；夏者天之所以长也，德者君之所以养也；霜者天之所以杀也，刑者君之所以罚也。”(《汉书·董仲舒传》)这样董仲舒就通过“天人同类”论证了圣王应天顺命、以德配天的道理。当然，董仲舒也很清楚，天子也不能完全保证做到效法天道、普爱万民，于是又提出“天人感应”说，来对王权加以限制，提出如果天子违背天道、不施仁政，上天就会降下灾异以谴告之。这就将王权纳入了天道的体系，由上天来约束王权，保证其按照天道公而无私之心去实施仁政、普爱万民。

可以看出，经过董仲舒的改造，上古三代时期的神秘主义传统又重新回归到了学统与治统之上。天是万物的本原，是养育万物、普爱万物的。人特别是天子要效法天道实施仁政，对天下人民要公而无私，否则就会受到天的惩罚。这种政治哲学，充分吸收了先秦儒家公道思想，同时以“天人感应”的方式保证公道思想真正落实于政治实践。这对推动公道思想的发展是一个重要贡献。董仲舒建构的“天人感应”政治模型在隋唐时期得到延续，为汉唐时代的公道思想向政治实践的落实提供了制度保障。

(二)宋明时期公道思想的传承发展

随着宋明理学的兴起，公道思想又呈现出新的特色。宋明理学以张载之气学、程朱之理学以及陆王之心学为代表。其中的气本论、理本论和心本论，为公道思想提供了形上本体根据，最大限度地彰显了公道追求的必然性与合理性，对公道思想的深化和平等博爱的推广提供了本体论的支撑与依据。

1.张载气本论与公道思想

张载作为关学一脉的创始人，以“为天地立心，为生民立命，为往圣继绝学，为万世开太平”作为自己平生的学术追求和理想价值目标。在公道思想方面，他秉持自己的价值追求，提出了“爱必兼爱”和“民胞物与”的学术理想，推进了公道思想的进一步发展。张载在继承孟子思想的基础上，“自立说以明性”，提出“合虚与气，有性之名”(《正蒙·太和篇》)，“有无虚实通为一物者，性也”(《正蒙·乾称篇》)，他从体与用、虚与气两方面论性，认为性是人人皆有的，每个人都拥有天地之性和气质之性，其中天地之性因其根源于太虚是至善的，而气质之性由于气之清浊与厚薄而有善有恶。同时张载揭示了性是包括人类在内的万物生成的共同根源，他提出：“性者万物之一源，非有我之得私也。惟大人为能尽其道，是故立必俱立，知必周知，爱必兼爱，成不独成。”(《正蒙·诚明篇》)这说明，性无差别地存在于所有人身上，非个人所私有，这便具有“公”的价值。万物共享“一源”之性，本性是一致的；但由于人禀气有清浊和厚薄，因此人有善有恶。而人要与天地合德，就要突破气的遮蔽而造成“私”，变化气质以复归天地之性达至至善。大人尽道则能尽心尽性，破除私我即为公，公道存于心，故己立则人俱与立，己知则人均有知，己爱则人皆相爱，己成则人皆有成。全社会将会是一种公道行于世、博爱存于心的大同之世。这些充分体现了张载建立在尽道尽性的哲学基础上的新型博爱观。

这种新型博爱观集中体现于张载所提出的“民胞物与”说。“民胞物与”是建立在张载的气化思想的基础之上的，它使公平和博爱跨越血亲“小家”而走向了天下一体同气同性的“大家”。张载曰：“乾称父，坤称母；予兹藐焉，乃混然中处。故天地之塞，吾共体；天地之帅，吾其性。民吾同胞，物吾与也。大君者，吾父母宗子；其大臣，宗子之家相也。尊高年，所以长其长；慈孤弱，所以幼吾幼。圣其合德，贤其秀也。凡天下疲癃残疾、惸独鳏寡，皆吾兄弟之颠连而无告者也。”[①]在这里，天下共有一个父母，就是天地，因此君臣长幼都是兄弟。人类的形体和德性都是由天地（乾坤）所赋予的，因此在作为父母的乾坤天道面前，所有人都应当是彼此的血脉同胞，彼此应当以仁爱、平等、尊重之心相待。同时，人既生于天地，就需要自觉地与天地合德，圣贤便是天人合一，与天地同德之典范，人人都应自觉修养以成贤成圣作为目标。乾坤天地是我们的父母，我们彼此是一母同胞，因此生存状态各异的老幼、孤寡、残疾等不同群体，都应享受到公正的关爱。张载将公道和博爱思想诉诸宇宙根源，即性、乾坤、天地，超越了血脉亲情的“私爱”而上升至天下一体的“大爱”，为公道博爱思想提供了宇宙本体论的理论支撑。

2.程朱理本论与公道思想

在程朱理学一脉，公道思想表现为以“天理”论“公私之辨”，

---

① 章锡琛点校：《正蒙·乾称篇》，《张载集》，中华书局1978年版，第62页。

即符合理义要求就是“天理之公”，否则就是“人欲之私”，因此要“存天理，灭人欲”。

程颐强调性情之分，提出“仁是性，爱是情”，同时性必发用为情，性只有在情之发用时才能更突显其超越性的内涵。这一观点在程颐的“以公论仁”中得到了鲜明的阐释：“仁之道，要之只消道一公字。公只是仁之理，不可将公便唤做仁。公而以人体之，故为仁。只为公，则物我兼照，故仁，所以能恕，所以能爱，恕则仁之施，爱则仁之用也。”[①]这便是说，“公”是最能表达仁的，“公”是不偏不倚，一视同仁，因此最贴近形上本体之“仁”。但不能“将公便唤做仁”，“公”表现于人的情感中才是“仁”。这里，程颐将“仁”与“公”联系起来，表明了二者之关系，亦是对“公”的一种新型的诠释。关于“公”，程颐指出：“公则一，私则万殊。至当归一，精义无二。人心不同如面，只是私心”[②]又说：“公则自同。若有私心便不同，同即是天心。”[③]人心中的私心杂念使得人会因诸多私欲而多冲突，但若公道存于心，则人人应当归一，而这“公”在二程那里便是合于天理，程颐明确指出“不是天理，便是私欲”，因此对待人欲，应当“以道制欲”。

---

① 程颢、程颐著，王孝鱼点校：《遗书》卷十五，《二程集》，中华书局1981年版，第153页。

② 程颢、程颐著，王孝鱼点校：《遗书》卷十五，《二程集》，中华书局1981年版，第144页。

③ 程颢、程颐著，王孝鱼点校：《遗书》卷十五，《二程集》，中华书局1981年版，第145页。

程颐的哥哥程颢将“公”视为最高人生境界。程颢在《定性书》中提到“夫天地之常，以其心普万物而无心；圣人之常，以其情顺万事而无情。故君子之学，莫若廓然而大公，物来而顺应”。圣人效法天地无私心、私情，因此能做到以无私之情感顺应万物。君子通过“廓然而大公”的无私之心克服私欲，以真实无私的情感应物顺事，故能使其性体得到充分彰显。程颢认为，君子处世应物，应该顺应事物的本然状态而不能掺杂私意，即反对“自私用智”，这样方能达至廓然大公之域。

二程之后，宋明理学之集大成者朱熹对于“公”多有阐发。朱熹有言：“这理是天下公共之理，人人都一般，初无物我之分”[①]，又言“天地公共之气，人不得擅而有之”[②]。天理与气都是公共之存在，不为一物之私有，朱熹在这里从本体论高度阐发了“公”的内涵，这一观点与张载有相同之处，二人都强调本体之公。朱熹进一步对理欲、公私、义利等关系做了阐发。朱熹在诠释《孟子·梁惠王上》首章“义利之辨”时，提出：“此章言仁义根于人心之固有，天理之公也。利心生于物我之相形，人欲之私也。”人心之固有的仁心是天理，是“公”，而利心人欲则是“私”。朱熹曾多次言公与私：“而今须要天理人欲，义利公私，分别得明白”[③]，“只是个公与私；只是一个天理，一个人欲”，“凡一事，便有两端：是底

① 黎靖德编，王星贤点校：《朱子语类》，中华书局1986年版，第399页。

② 黎靖德编，王星贤点校：《朱子语类》，中华书局1986年版，第76页。

③ 黎靖德编，王星贤点校：《朱子语类》，中华书局1986年版，第227页。

即天理之公，非底乃人欲之私”①。朱熹关于公私理欲的种种论断都表明：人欲皆是私，天理皆为公，天理与人欲，公与私，是彼此对立，不容并立的，天理与人欲常对，二者是此消彼长的关系，因此必须克尽私欲，“存天理，灭人欲”。当然这不是一味地禁欲主义，《朱子语类》载“饮食者，天理也；要求美味，人欲也”。饮食是人生存的自然欲望，这是天理，但是无节制地追求美味，就会由正常的自然欲望变成人欲之私了。朱熹从本体论的高度出发，厘清了天理与人欲之“公”与“私”的关系，是公道思想在理学背景下的新发展。

3.陆王心本论与公道思想

陆王心学一系则将公道思想建立在心性本体论基础之上。陆九渊极言义利公私之辨，他曾说：“凡欲为学，当先识义利公私之辨。”②可见，作为学者首先应当辨明义利公私之辨。关于天理人欲之分，陆九渊是持否定态度的，他认为：“‘人心，人伪也；道心，天理也’，非是。人心，只是说大凡人之心。惟微，是精微，才粗便不精微，谓人欲天理，非是。”③作为心学一派，陆九渊立足于心性本体论的高度，对天理人欲之分提出批评，认为天理人欲说是天人分离的表现，这与他“心即理”的主张是相冲突的。陆九渊利用义利公私之辨排斥佛老，提出“惟义惟公，故经世；惟利惟私，故出

① 黎靖德编，王星贤点校：《朱子语类》，中华书局1986年版，第2016页。

② 陆九渊著，钟哲点校：《陆九渊集》，中华书局1980年版，第470页。

③ 陆九渊著，钟哲点校：《陆九渊集》，中华书局1980年版，第462—463页。

世。……从其教之所由起者观之，则儒释之辨，公私义利之别，判然截然，有不可同者矣”[①]。陆九渊认为儒释的根本区别就在于义、利（公、私）之别。儒家教人入世经世，教化人伦，是为义为公；而释氏教人出世避世，超脱生死轮回，这是为私为利的行为。陆九渊所言的公私是从心理动机上的“为公”和“为私”，即公私之辨实际上是心志于公与心志于私的区别。

王阳明“心学”可以视为对陆九渊“心学”的发展和精微化。王阳明在良知本体和主体意念的层面对公道内涵做了辨析。他认为：“心即理也，无私心即是当理，未当理便是私心。”（《传习录》上）王阳明基于“心即理”的本体论立场，认为无私心即是当理，是合乎天理的，心之本体即是天理，心体自然廓然大公。王阳明同时也提出了理想的社会模式：“夫圣人之心，以天地万物为一体，其视天下之人，无内外远近，凡有血气，皆其昆弟赤子之亲，莫不欲安全而教养之，以遂其万物一体之念。”[②]可见，王阳明提出的理想社会范式是万物为一体的，天下之人皆为兄弟同胞，无亲疏远近之分，这是“公爱”的表现。“万物一体”的社会需要人人尽心，父子亲，君臣义，夫妇别，长幼序，朋友信，社会各个阶层的组成人员都遵守其应尽之义，那么整个社会将是和谐安乐的理想社会。王阳明构建的“万物一体”的理想社会，比早期儒家的大同社会更进一步，他把

---

① 陆九渊著，钟哲点校：《陆九渊集》，中华书局1980年版，第17页。

② 王阳明著，吴光等编校：《王阳明全集》（新编本），浙江古籍出版社2010年版，第59页。

“万物一体”的社会理论推演至整个社会各尽其心，同心同德，亲如一家，无疑是对大同社会的深化。

（三）明清之际公道思想的传承发展

明清之际，儒者继承明末学者“公私之辨”，从个体权利与公共权利关系的角度，借助儒家先贤的思想，对公私关系进行了重构。明清之际的批判思潮重点指向封建君主专制，提倡早期的民主。

李贽提出了不同于以往传统儒家对于理想社会的建构，认为理想社会应当是“万物并育而不相害”的社会：“若肯听其并育，则大成大，小成小，天下之更有一物不得所者哉！是之谓‘至齐’，是之谓‘至礼’。夫天下之民，各遂其生，各获其所愿有，不格心归化者，未之有也。”（《明灯道古录》卷上）所谓“万物并育”，前提是人们各自按照自己的意愿、性情和需求去行事，并使得人人都“千万其人者，各得其千万人之心，千万其心者，各遂其千万人之欲”（《明灯道古录》卷上）。只有这样，才能使人心归化，达至理想社会。在现实的人际交往中，李贽富有批判精神地提倡四平等，即夫妇平等，男女平等，男女婚姻自由平等，圣与众、贤与不肖平等。不得不说，在封建专制的背景下，李贽的社会平等思想具有强烈的异端性和战斗性，是对传统公道思想的新补充。

明清之际三大思想批判家黄宗羲、顾炎武、王夫之皆反对君主专制，反对“私天下”，主张“公天下”，使传统公道思想达到了历史新高度。

黄宗羲提出理想社会，最重要的因素是君主一心为天下万民之公利而不享其私利："有人者出，不以一己之利为利，而使天下受其利；不以一己之害为害，而使天下释其害，此其人之勤劳必千万于天下之人……而又不享其利。"(《明夷待访录·原君》)这个人就是君主。在这个理想社会中，"以天下为主，君为客，凡君之所毕兴而经营者，为天下也"(《明夷待访录·原君》)，同时，官员也是为天下万民的，"我之出而仕也，为天下，非为君也；为万民，非为一姓也。吾以天下万民起见，非其道，即君以形声强我，未之敢从也，况于无形无声乎！非其道，即立身于其朝，未之敢许也，况于杀其身乎！"(《明夷待访录·原臣》)在他的理想社会中君臣都是为天下万民谋利的，不为一己一姓之私利。在这个理想社会中，实行井田制和土地平均分配制度，"田土均之"，君主应当把土地的分配和使用作为头等大事，只有这样才能使人们安居乐业，社会和谐。总之，黄宗羲认为，君、臣、法的设立，其本质应皆以天下万民之利为目的，黄宗羲以"天下为公"为武器批判君主专制，从而扩展了天下为公的内涵。

顾炎武肯定了人的自私自为和满足自身欲望的合理性，同时提出"合天下之私以成天下之公"(《日知录》)，圣人利用人之私情，因势利导，以求得天下大治。先贤为求得天下大公，主要诉诸为政主体的德性，强调为政者的大公无私；顾炎武则主张天下人都有自利心，这是合理的欲望，问题的关键不在于如何克制自己的欲望成为圣人，而在于如何使得天下之人的私利都各得其所。这便是顾炎武所说的"虽有圣人，不能禁民之私，善为国者，亦谓合天下之大私，以为天下之大公”（《日知录》）。顾炎武对于公私之关系的讨论，已经不再限于主体自身内部，而是拓展到个人权利与天下人权利之关系的讨论，关乎天下、君国、群与己等关系，切中了公私关系之本质内涵。

王夫之对于公私关系之思考，则主要是接续宋明理学的话语系统。他批评了“无我”的概念，认为“我者，大公之理之所凝也”（《思问录》），肯定“我”之主体是大公之理的凝聚体，“无我”则大公之理便无法存在，因此不能否认道德主体“我”的存在。王夫之也从概念上对“欲”作了区分，认为人的欲有“人欲”“私欲”和“公欲”之分，并对“公欲”作了进一步的阐发。所谓“人欲之大公，即天理之至正”（《四书训义》卷三），即天理就孕育于普遍的人欲之中，而人人各得其所欲，便是天理之大公。公正就在于万事万物各得其理，公欲各有所实现，又言“贞万事之理，则理尽而万物之欲自得；合万物之欲，则所欲者公而万事之理自正”。可以看出，与宋明理学的公私之辨相比，王夫之更进一步指明，天理之公的实现与其说通过去私欲，不如说通过实现普遍性的公欲更为恰当，这与黄宗羲和顾炎武之“合天下之私以成天下之公”有异曲同工之处。同样，与黄、顾二人一样，王夫之亦主张限制君权和实现“公天下”。

明清之际的王夫之对程朱理学进行了修正，清代中叶的戴震则对整个宋明理学体系进行了彻底的批判。在公道理欲方面，宋儒认为“欲”是私，主张去人欲，戴震则认为人欲是人生来就有的自然欲望，具有普遍性，“人生而后有欲，有情，有知，三者，血气心知之自然也”[①]，只有在后天经验的过程中才能判断人欲的公私善恶。对于实现天下大公，戴震提出：“天下之事，使欲之得遂，情之得达，斯已矣。惟人之知，小之能尽美丑之极致，大之能尽是非之极致。然后遂己之欲者，广之能遂人之欲；达己之情者，广之能达人之情。道德之盛，使人之欲无不遂，人之情无不达，斯已矣。”[②]可见，戴震对于实现天下之大公的方式，与明清之际黄、顾、王一致，都是“合天下之私以成天下之大公”，他们所谓的天下大公实际上亦是天下之人各自私利的集合。社会是由每一个个体组成的，要实现天下之大公，必定要从个体利益出发，这是明清时期公道思想的新意涵。清代颜（颜元）李（李塨）学派强调的“天地间田，宜天地间人共享”则是对这一思想的继承和发挥。

四、天下为公：中华文明始终不渝的价值追求

中华文化的公道思想，核心是崇公抑私，即主张公道至上原则，强调大公无私，反对自私自利，认为个人应为家族、国家甚至人类的整体利益服务。如中华文化早期经典《尚书》就有“以公灭私，民其允怀”（《尚书·周官》）的说法，意思是说，以公心灭私情，民众才会心悦诚服。《春秋左传》也提到：“公家之利，知无不为，忠

① 戴震：《孟子字义疏证》，中华书局1982年版，第40页。

② 戴震：《孟子字义疏证》，中华书局1982年版，第41页。

也。”又说：“临患不忘国，忠也。”（《春秋左传·僖公九年》）认为对公家有利的事情，只要知道了就没有不去做的，这就是忠；在患难的时候不忘记国家，就是忠诚。正是在继承这些观念的基础上，孔子明确提出“大道之行也，天下为公”（《礼记·礼运篇》）。所谓“大道”是指天之道，意思是天道运行是大公无私的，天下是全体人所共有的。所以孔子积极倡导天下为一家的精神，主张每个人把谋求全天下人民的福祉作为自己的责任。由此可知，天下为公其实是中华文化公道思想的核心和精华，中国先民对公道的追求，集中表现为对天下为公的价值追求。

事实上，天下为公是中华民族自盘古开天地以来就世代相传的美德，也是中国人自始祖开始就代代传承的天下责任担当。如先秦各家对公道思想的探索与追求，最终凝结为对天下为公的倡导和追求。如孟子说：“乐以天下，忧以天下，然而不王者，未之有也。”（《孟子·梁惠王下》）把天下人的快乐当作快乐，把天下人的忧愁当作忧愁，这样还不能够使天下归服，是没有过的。又说：“思天下之民匹夫匹妇有不被尧舜之泽者，若己推而内之沟中。其自任以天下之重。”（《孟子·万章下》）这里所说的“自任天下”，就是自觉担负起平治天下的责任。孟子的这一思想被北宋著名的政治家、思想家范仲淹所继承，提出了脍炙人口的名句“先天下之忧而忧，后天下之乐而乐”，对后世产生了深远影响，深刻塑造了中国人的价值意识。除了儒家外，其他学派也倡导天下为公。如墨子说：“天下无小大国，皆天之邑也；人无幼长贵贱，皆天之臣也”（《墨子·法仪》），“天下之人皆相爱，强不执弱，众不劫寡，富不侮贫，贵不敖贱，诈不欺愚。凡天下祸篡怨恨，可使毋起者，以相爱生也，是以仁者誉之”（《墨子·兼爱中》）。老子说“圣人常无心，以百姓心为心”（《道德经》第四十九章）。这些都集中体现了他们对天下为公价值理想的追求。

正是在天下为公价值理想的引导下，建立大同社会成为中华先民的强烈向往。如秦汉间谋臣策士在《六韬》一书中展露出了对“同利共财，共忧同乐”国度的向往。东汉经学家何休进一步发展了“三世说”，建立了儒家公羊派关于历史发展规律的一种乌托邦思想，提出社会历史演进是沿着从衰乱世向升平世、太平世的方向前进的。其中太平世，即“天下远近大小若一”的大同之世。这是明确将大同社会视为社会发展的最终目标。东汉末年太平道的教主、“天公将军”张角和天师道（即五斗米教）教主张鲁，都极力宣传“万年太平”的理想。黄巾起义时张角更是以“苍天已死，黄天当立。岁在甲子，天下大吉”的口号来唤醒苦难百姓对大同世界的追求。东晋学者张湛通过为《列子》作注描绘了理想王国——“华胥氏之国”与“终北国”，这是对大同社会的构想，反映了那个时代对理想社会的向往和追求。到了魏晋时代，名士阮籍向往“上古质朴淳厚之道”的“太初社会”；嵇康则向往和谐、宁静、太平、繁荣的“至德之世”。唐末农民起义领袖黄巢提出“天外均平”的口号，反映了下层民众已有了“等贵贱，均贫富”的思想萌芽。

到了宋明时代，宋明理学为公道思想提供了形上本体根据，最大限度地彰显了公道追求的必然性与合理性，其最明显的后果是天下为公观念及对大同理想社会的追求成为全社会，特别是下层社会的强烈愿望。宋代农民王小波、李顺的“吾疾贫富不均，今为披均之”，钟相、杨幺的“法分贵贱贫富，非善法也。我行法，当等贵贱，均贫富”，均反映了下层民众对公道社会的渴望。五代时期道教学者谭峭在他的著作《化书》中提出了“太和”社会。其实，“太和”社会就是一个以“均其食”为基础的大同社会，所谓“虚实相通，是谓大同”。王禹偁的“海人国”，是一个人人平等、个个自由的海上世外桃源。元末明初罗贯中在《水浒传》中提出的“八方共域，异性一家。天地显罡煞之精，人境台杰灵之美。千里面朝夕相见，一寸心死生可同”，表达了小生产者要求实现平等、消除压迫的社会追求。明代异端思想家何心隐则以宗族为单位，组织了一个社会基层单位“聚和堂”。这其实是一次乌托邦实验，反映出人们开始将建立大同社会付诸实践。

明末清初三大思想家之一、民主主义启蒙思想家王夫之以“天下为公”为武器，批判封建专制制度，提出“公天下”的主张，认为“天下非一家之私”（《续通鉴论》）。当时另一位启蒙思想家黄宗羲也主张“天下为公、君为客”，指出：“天下之治乱，不在一姓之兴亡，而在万民之忧乐。”（《原君》）与王、黄齐名的思想家顾炎武提出“天下兴亡，匹夫有责”的思想，他说：“有亡国，有亡天下。亡国与亡天下奚辨？曰：易姓改号，谓之亡国；仁义充塞，而至于率兽食人，人将相食，谓之亡天下。……是故知保天下，然后知保其国。保国者，其君其臣，肉食者谋之；保天下者，匹夫之贱，与有责焉耳矣。”（《日知录》卷十三）天下兴亡，不是指一家一姓王朝的兴亡，而是关系到广大的中国人民生存和整个中华民族文化的延续，关系到整个天下的安危。“天下兴亡，匹夫有责”，把天下为公的道德理想转化成个人的道德要求，激励着后代无数仁人志士为中华民族的盛衰兴亡大业而奋斗不息。

总之，在几千年的中华文化传统中，天下为公的价值理想既是个人修养之要，也是社会公德的最高原则，中国的思想家、政治家无不表现出推崇和追求天下为公的博大情怀和思想境界，寄托了先人崇高而博大的政治理想、道德情怀和价值信仰。毫无疑问，天下为公是中华文明始终不渝的价值追求，并在漫长的历史发展长河中逐渐积淀成为中国人深厚的文化心理，直接影响了近代中国发展道路的选择。

第二章　求公问道的迷茫徘徊

公道思想在春秋战国时期得以奠基，经过悠久的历史传承与发展，已然成为中华文明始终不渝的价值与追求。然而，到了中国近代，尤其晚清之际，公道追求似乎被迫中断，救亡图存却一跃成为时代主题。如果说公道追求是中国人遥远的理想，那么，救亡图存则是这种理想得以实现的前提条件。其中的逻辑显而易见：如果国家灭亡了，民族不存在了，公道追求也就真的成为遥不可及的梦想了。救亡图存与公道追求又完全可以看作“中国往何处去”这个时代问题的两面：救亡图存是针对时局的现实性方案设计，公道追求则旨在对未来美好社会进行理想建构。“三千年未有之大变局”，是晚清名臣李鸿章针对两次鸦片战争之后中国当时的危重局势有感而发之言，中国人被迫要应付这“三千年未有之大变局”以及“数千年未有之强敌”，因此在一定程度上反映了当时国人求公问道的迷茫徘徊。在中国近代历史上，经世致用派、洋务派、维新派和革命派纷纷登上历史舞台，提出了诸多救亡图存方案，尽管这些方案或理想或现实，或激进或保守，但无疑都表现了中华优秀儿女拳拳的爱国之心。中国近代历史实实在在是一段国人的血泪史或屈辱史，国破民弊，危机四伏，社会动荡，但是中国人却始终没有放弃两千多年的大同理想与公道追求，乱世之中更加渴望安定和谐的生活。尽管公道思想在近代有所阻碍，但是以洪秀全为代表的农民阶级，以康有为、梁启超为代表的资产阶级维新派以及以孙中山为代表的资产阶级革命派，在表达自己的政治理念和社会诉求时，仍然以大同社会作为自己矢志不渝的追求。

一、“三千年未有之大变局”

十九世纪中叶之后，中国社会进入了一个大转折时期。当时流传最广的一句话就是“三千年未有之大变局”。李鸿章的这个论断有没有道理？“大变局”到底是怎样的一个“变”局呢？我们从经济、政治、文化三个主要方面，对比一下鸦片战争前后中国社会的性质和主要矛盾的变化，就可以判断李鸿章的这一著名论断是否为真。

鸦片战争是中国历史的一个重大转折点，也成为中国近代史的开端。这场战争大体可由以下几个时间节点来进行描述：1839年6月3日到25日，林则徐下令，将所缴获的鸦片在虎门海滩当众销毁，冲入大海，史称“虎门销烟”；林则徐禁烟惹怒了英国，1840年6月，英国舰队对中国海面发起进攻，第一次鸦片战争爆发。战争分为三个阶段：第一阶段为1840年6月到1841年1月，英国在中国东南沿海进行骚扰活动，并占领了定海，林则徐、邓廷桢等抵抗派受到打压和排挤，琦善、伊里布等人取得了对外交涉的大权，采取“请和”策略，一味屈膝投降。第二阶段为1841年1月到5月，清廷在不甘心赔钱又赔地的情况下，下诏宣战，时间是1月27日，英国人义律得知琦善被撤职，和谈无望，遂于2月23日炮轰虎门，不久镇远、威远、靖远等炮台相继沦陷，水师提督关天培战死。后来清廷启用奕山、杨芳等将领，在对英作战中也是一触即溃，最终签订了屈辱的《广州和约》。第三阶段从1841年8月到1842年8月，英国侵略军以进攻江浙地区为重点，控制了长江下游的漕运，截断了清政府的漕粮供应，胁迫清政府完全接受其侵略要求。最终清政府被迫于1842年8月29日签订了《南京条约》。第一次鸦片战争宣告结束。

《南京条约》是中国有史以来第一个不平等条约，清政府接受了英军的全部要求：第一，中国割让香港岛给英国；第二，中国开放广州、厦门、福州、宁波、上海等五处为通商口岸；第三，中国赔偿英国款项共计2100万银元，其中600万为被焚的鸦片赔偿；第四，进出口税，新定则例；第五，文书平行往来，废除行商。从这五条来看，完全是不平等的条约，“不但指的是条约本身的不平等，而且指的是知识上的不平等，西方用中国所不知的国际外交谈判观念来巧取豪夺，而这些都是站在污秽的鸦片上达成的，所以是可耻的不平等条约”①。《南京条约》签订后，美、法两国分别以该条约中的

① 段昌国：《近代史》，选自傅乐成主编：《中国通史》系列，九州出版社2010年版，第46页。

“利益均沾”的原则，对中国进行外交讹诈和武力威胁，中美《望厦条约》和中法《黄埔条约》相继签订，中国的主权进一步丧失。

鸦片战争是中国近代史的开端，西方列强用坚船利炮轰开了中国闭关锁国的大门，这件大事严重影响了中国社会。胡绳先生对此有如下论述：“经过鸦片战争，英、美、法这三个西方的资本主义强国迫使中国开始套上了不平等条约的枷锁。他们用武力打开了中国的门户，为的是要奴役这个古老的国家，使中国沦为半殖民地的各种恶劣制度在这些条约中初步奠定了基础。这场战争和这些条约充分暴露了封建统治者完全没有能力抵抗外国资本主义的侵略。在战前，封建统治者为保卫自己而在对外贸易上设立的种种防范全部崩溃。从此，中国社会不可能不发生从未有过的一系列变化。”[①]

（一）鸦片战争前后中国的经济之“变”

在“鸦片战争”这个历史性转折中，非常显著的一个经济现象就是中国自给自足的自然经济解体。我们知道，长期以来中国封建社会的经济结构形式是以小农经济为主，农业与家庭手工业结合，表现为“男耕女织”的生活形式。总体来说，地主有地，农民耕种，这是中国封建社会长期以来形成的小农经济结构，相对比较稳定。明清时期的耕地分为官田和民田两种。官田归皇室贵族所有，而民田

① 胡绳：《从鸦片战争到五四运动》，《胡绳全书》第6卷，人民出版社1998年版，第66页。

可以自由买卖。明朝初年，自耕农和小地主很多，但是到了明朝中后期，土地越来越集中到官僚、豪绅和大地主的手中。许多自耕农乃至小地主都逐渐丧失了土地，沦为农奴和佃户。农民生活不下去，于是农民起义接连发生，李自成就是其中比较著名的农民起义领袖。到了清朝，皇室和贵族圈占了大量的土地，他们自己不耕种，租给农民耕种。这样就形成了地主和农民之间的矛盾：皇室、贵族和权贵豪门手里掌握着绝大部分的土地，而农民没有自己的土地，不得不租种皇室贵族和官僚的土地，并交纳苛刻的地租，农民负担很重。加上清朝乾隆统治后期，中国人口激增，人口从雍正后期的两千七百万突增至三亿，人口增长了近十倍，而当时的耕地有限，若碰上荒年灾害及瘟疫等，农民日子更是苦不堪言。举例来说，康乾盛世时期，一个农民可以养活十口之家，而到了嘉庆以后，只能勉强养活自己。被逼得走投无路的时候，农民就被迫造反，从清军入关一直到太平天国起义，人民的反抗一直没有停止过。但不管怎么说，这属于清朝的“国内矛盾”，并不足以成就“大变局”。

真正不稳定的是商品经济，尤其是国际贸易。根据史料记载，明清时期，中国国内商品经济开始发展，国内贸易日趋频繁，出现了许多繁荣的商业城镇。但是就对外贸易和国际贸易来看，中国对外贸易输出的农产品主要有生丝、茶叶、豆类、纺织品等，而输入的是毛织品、棉织品、糖类等。鸦片战争前，中国农产品对外贸易额占总贸易额的比重并不是很大，贸易额虽然在不断增长，但是整个贸易过程发展比较缓慢，更为重要的是，在整个贸易过程中，中国长期处于贸易顺差的地位，最少顺差50万两，最多顺差300多万两。换句话说，欧洲人远道而来，跟中国做生意，不但不能赚钱，反而会赔本。这一情况，尤其让当时最大的鸦片走私国——英国大为头疼：到底如何才能赚中国人的钱呢？狼子野心的英国想到了一个令人不寒而栗的商品——鸦片。从18世纪中叶起，英国人就知道可以通过鸦片贸易对中国实施经济侵略。1800年至1804年，英国政府从鸦片贸易中赚得的贸易额，突然激增至124万两，这让英国人大喜过望。可以说，长期以来，英国人在对华贸易上所受的窝囊气，终于通过鸦片贸易彻底发出来了。于是，他们变本加厉，利用臭名昭著的东印度公司，疯狂向中国倾销鸦片。从1833年起，英国对中国的鸦片年销量达到2万箱，而到了鸦片战争之前，年销量已达4万箱。烟毒的泛滥，给中国人的生活带来了严重的影响。根据鸦片战争前一年，清政府公布的卅九条查禁章程，便可知道："以京城为中心，充斥着宗室觉罗、王公大臣、太监、官弁、兵丁、旗人等形形色色的鸦片鬼，而衙门中的幕友、官亲、长随、书办、差役，以及百姓阶层的工、商、优、隶、僧尼、道士、娼妓、乞丐等亦多染好此癖，全国上下，几乎成了烟霞窟。"[①]烟毒的泛滥，已然成为最大的社会问题。但是更令清朝统治者头疼的是，鸦片入口，大量白银外流，造成了国内的"银荒"，银价日高；商人看到鸦片烟利润丰

① 段昌国：《近代史》，选自傅乐成主编：《中国通史》系列，九州出版社2010年版，第23页。

厚，于是把大量资金投入到鸦片交易中，而下层农民除了流亡之外，也只好被迫改种鸦片。以福建为例，“烟草之植，耗地十之六七”，这说明烟毒已经扩展到了中国社会的根本——农业。这一切都严重破坏了中国的经济生产力，直接影响到了中国的国计民生。于是禁烟就成了当时进步知识分子和官吏的共同呼声。由此，由林则徐严厉禁烟以至于鸦片战争爆发就不可避免了。

鸦片战争之后，资本主义列强以协定关税和领事裁判权为护身符，对中国进行商品侵略。他们利用免除出口税和提高入口税的办法，使中国在对外贸易方面处于及其劣势的地位。随着通商口岸的增多，外国商品大量输入，西方资本强势注入，中国自给自足的自然经济经历过一场痛苦的挣扎，终于慢慢解体了。诚如郑观应所言：“自洋布洋纱入口，土布销场遂滞，纺织稀少，机轴之声几欲断矣。”[①]可以说，外国资本的入侵，中断了中国自给自足的自然经济结构，使得资本主义生产关系开始成为社会经济结构的重要组成部分。这首先表现在外国列强在中国开始投资中国近代工业，其目的当然不是为了发展中国，而是为了牟取暴利，并由此控制中国经济。虽然这在客观上给中国带来近代工业的种子，刺激了中国本土的民族工业的发展，但是必须认识到，外国资本主义极力限制和压迫中国近代民族工业的发展。其次，中国的经济命脉受控于西方列强。为了支付巨额的赔款，清政府不得不变着花样增加新税种，进一步加重了国内人民的负

① 郑观应：《盛世危言》卷二，上海人民出版社1982年版，第57页。

担，另一方面又不得不大举外债，比如，从1853年到1894年的42年间，共有43项筹款，折合银两6242万元[①]。这就更加雪上加霜，使得外国资本进一步控制中国经济。同时，根据条约，中国失去了税则自定权，因为外国人享有协定关税税则权。另外，鸦片战争后，中国的旧式的金融业开始受控于外国银行，从而使得外国银行不断在中国设立分支机构，这些银行靠着雄厚的资金，发达的业务，利用招商外汇等办法侵吞了大量的中国财富；同时，外国侵略者通过贷款附加苛刻条文的方法，对中国的铁路、电信等行业进行控制。总之，鸦片战争之后，中国的经济、金融和工业命脉已然被西方列强牢牢把握，中国的自然经济结构被迫解体。

（二）鸦片战争前后中国的政治之“变”

1644年，清军入关，加强了对“权力”的控制。为了预防统治权力的旁落，清政府在政治上设立了很多藩篱。比如，在官员任免上，用人的原则实际上以满人优先，而不管能力与学识。虽然名义上是“满汉并用”，但实际上满人的官位高，而且掌握实权，汉人官品低，多任事辛劳。皇帝自然是大权独揽，中央与地方必须听命于皇帝一人。地方的督抚，也是相互监视，各有上奏的权利，行政裁夺仍由皇帝把持。这样一种政治格局，使得清朝统治者“天朝上国”的观念

---

① 周卫：《鸦片战争对中国近代社会经济发展的影响》，载于《长白学刊》2007年第5期。

尤甚，在对外关系中，中国与其他国家并不是平等关系，而是存在着一种根深蒂固的“华夷秩序”和“宗藩体制”意识。其实追究起来，这种意识并不是清朝统治者独有的，而是中国两千多年的儒家文化和政治体制共同造就的。我们都熟悉《礼记·礼运篇》，“大道之行也，天下为公”这句话，描述的是中国的大同理想社会。然而，中国人的观念中，“天下”这个词，是以中国为中心的，具体来说是指“中原地区”，在古代文献中常常以“夏”与“蛮夷”或“华”与“夷”对称。《尚书·武成》记载：“华夏蛮貊，罔不率俾，恭成天命。”孔颖达注疏：“《释诂》云：‘夏，大也。故大国曰夏。华夏谓中国也……言华夏及四夷皆相率而充己，使奉天成命，欲其共伐纣也。’”换句话说，在中国人的“天下”观念中，位于中心的“华夏”才是正宗的、高贵的、文明的，而越是“边缘”的地方越是落后的、野蛮的。比如孔夫子当年就曾经感慨曰：“夷狄之有君，不如诸夏之亡也。”(《论语·八佾》)茅海建在《天朝的崩溃：鸦片战争再研究》一书中，曾经这样描述过鸦片战争之前的中国社会情况：

鸦片战争之前，中华文明一直是相对独立地发展的，并以其优越性，向外输出，在东亚地区形成了以中国为中心的汉文化圈。尽管它与外部世界的联系，从古以来，如缕不绝，但是，外来之物欲进入中国，须得经过中华文明强韧且持久的改造，化外来为内在，才能成为中华文明的组成部分。长此以往，中国人习惯于以居高临下的姿态，环视四方。清王朝正是在这种

> 历史沉淀中，发展完备了“天朝”对外体制。……清王朝的强盛，使周边地区的各国君主，出于种种动机，纷纷臣属于中国，向清王朝纳贡，受清王朝册封。至于藩属国以外的国家，包括西方各国，清王朝一般皆视之为“化外蛮夷之邦”……在他们的心目中，通商是“天朝”施于“蛮夷”的一种恩惠，是“怀柔远人”的一种策略。因此，清王朝在对外关系上，自以为是居于他国之上的“天朝”，不承认与之平等的国家的存在，即所谓“敌国”。从某种意义上讲，“天朝”对外体制，使中国成为一个世界，而不是世界的一部分。①

可以说，茅海建教授的这段描述很好地反映了鸦片战争前清王朝臣民的心理。由于中国实行自给自足的农耕自然经济，加上封建专制政治体制以及儒家大同思想的教化，“使得古代中国人——上至天子大臣，下至平民百姓，在头脑中潜移默化地形成一种以中国为天下之中心，中国以外的地方为‘蛮夷之邦’、‘化外之民’的观念”②。这就是对当时“华夷秩序”与“宗藩体制”的真实意识形态的描述。可以说，当时妄自尊大的思想意识不仅存在于清朝最高统治者阶层，也存在于当时普通知识分子阶层，对于士大夫来说，他们也是“徒知侈张中华，未睹寰瀛之大”，更不必说普通中国人了。

---

① 茅海建：《天朝的崩溃：鸦片战争再研究》，生活·读书·新知三联书店2005年版，第5—6页。

② 黄顺力：《中国近代思想文化史探论》，岳麓书社2005年版，第15页。

一个较为熟知的例子就是英国公使马嘎尔尼来华，乾隆皇帝对其通商要求的回复是，“天朝物产丰盈，无所不有，原不借外夷货物以通有无”；另一个例子是嘉庆皇帝的谕旨中论及中英两国的地位时宣称说，“天朝臣服中外，夷夏咸宾，蕞尔夷邦，何得与中国并论”[①]。可见，在“天朝”的观念中，包括英国在内的西洋国家只不过是一些番邦小国而已，与朝鲜、越南等国一样，也应该来向“天下共主”的大清国来“朝贡”才行。不久之后，鸦片战争爆发，清政府战败，被迫签订丧权辱国的《南京条约》。西方人的坚船利炮终于让国人清醒，“天朝上国”的观念和“宗藩体制”的意识也逐步开始崩溃。晚清“宗藩体制”是清王朝与番邦之间封建大国与小国的关系，“天朝”与“番邦”之间不是平行关系，而是垂直关系。但是经过鸦片战争（以及随后的第二次鸦片战争、中法战争、甲午中日战争等），清王朝的国力日益衰微，晚清的宗法体制也逐步解体。宗藩体制赖以生存的是宗主国（大清王朝）与番邦（朝鲜、越南、缅甸等）之间国力的悬殊对比，宗主国在经济发展水平、政治体制、思想文化上存在着较高的优越感，使得番邦倾心向化，自愿向宗主国纳贡称臣。但是，当宗主国国力衰落，文化发展缓慢，非但没有力量去慑服番邦，更无力保护番邦，甚至泥菩萨过河自身难保时，宗藩体制的解体是必然的。鸦片战争之后，清政府每战必败，割地赔款，已然没有能力保证自身的安全。但他们此时还想维护自己“天朝上国”的颜

---

① 转引自黄顺力：《中国近代思想文化史探论》，岳麓书社2005年版，第3—4页。

面，继续保持“宗藩体制”，把英、美、法这些西方列强当作自己的“番邦”，这显然是顽固落后的一种表现了。

（三）鸦片战争前后中国的文化之“变”

鸦片战争可以看作西方基督教文化对中国传统儒学的一次严重挑战。我们知道，从西方历史的发展看，十五、十六世纪地理大发现和航海时代的到来，经过文艺复兴的孕育，加之十八世纪工业革命的助力，欧洲列强纷纷崛起，致力于海外殖民扩张，这中间除了巨大的经济利益吸引之外，还有一个更为重要的原因，就是传播他们所信奉的基督教。根据基督教教义，“传福音于天下人”是欧洲基督徒的“大使命”，也成了欧洲列强进入中国传教的一个冠冕堂皇的理由。一个不可否认的历史事实是，基督教的传播史，实际上就是中西文化的交流和对话史。伴随着基督教在明末清初的入华传播，中西文化的相遇与交流才真正拉开了序幕。这个工作是由欧洲传教士开启的，其中最著名的就是利玛窦。大量的研究资料表明，以利玛窦为代表的欧洲天主教传教士，在十六世纪至十八世纪引发了两股思潮：“中学西传”开启了欧洲人了解中国的双眼，而“西学东渐”，打开了中国人的视野。这本是一种“和平使者”带来的文化双向交流。但是，西方文化与中国文化毕竟是异质文化，东西双方在语言、信仰、思维方式、生活习俗等方面都存在着严重差异，所以在双方“和平共处”的时候，争吵仍然不断，典型的事件就是“中西礼仪之争”，这可以看作东西方文化冲突和碰撞的代表性事件。“中西礼仪之争”，简单来说是指十七世纪至十八世纪欧洲天主教传教士就中国文化中所坚持的“祭天、祭孔、祭祖”等习俗是否违背天主教教义中的“不能跪拜偶像”的争议。当时的天主教教皇认为中国儒家的“三祭”尤其是祖先崇拜违反了天主教教义，而康熙帝认为外国传教士不理解中国的“敬天法祖”的含义，尤其是不遵守“利玛窦规矩”。纵观这场“中西礼仪之争”，表面上看是围绕中国礼仪是不是宗教行为，儒学是不是宗教等学术问题展开的，但发生的根本原因在于罗马教皇与中国皇帝之间的教权与皇权的差异，由此才使得一个很小的礼仪问题步步升级为政治权力的斗争。撇开政治因素不谈，这场争论也完全反映了中西文化在交流中的冲突和碰撞。天主教传教士一直以“欧洲中心论”观点来解读和看待中国儒家文化。他们坚持认为自己的宗教学说就是“真理”，把中国儒家文化当成完全意义上的“他者”，任意解构和解读；而中国儒家文化本来讲究的是“和而不同”，但是当外来文化步步紧逼，威胁到儒学的正统地位的时候，自然就会有反弹。所以，中西文化在最初相遇中就有冲突，在好感中隐藏着仇恨。到了双方真正由爱转恨，关系完全破裂，就到了1840年的鸦片战争。从利玛窦开始传教到鸦片战争爆发之前，西方人对中国的了解大多依赖于天主教耶稣会传教士的旅行笔记、著作和书信等，耶稣会传教士对中国形象多以赞赏、憧憬和钦佩为主，但是随着时间的推移，以马礼逊等为代表的新教传教士开始涉足中国内陆传教。然而，在这批新教传教士眼中，中国完全没有耶稣会会士所说的那般美好了。可以说，欧洲人心中的“中国梦”完全破灭，与这批新教传教士有很大关系。其中有个叫郭实腊的传教士，在他的书中所描绘的中国，完全翻转了以往天主教传教士所描绘的中国形象。郭实腊实实在在是一个很有争议的人物。在19世纪30年代，郭实腊曾经多次到中国进行沿海航行，后来写成了《中国沿海三次航行记：1831，1832，1833年》，这部书引起了西方各界人士的高度关注。遗憾的是，他在书中完全没提自己的另一种身份，因为这个角色实在不光彩，那就是间谍。当时臭名昭著的东印度公司正在寻求在中国贩卖鸦片的商机，他们需要一个懂中文，熟悉中国地理的人作为翻译，于是看中了郭实腊，许诺给予他丰厚的待遇，这对当时没有母会经费支持的自由传道人郭实腊来说无疑是个巨大的诱惑。但天下没有免费的午餐，东印度公司开出的条件就是需要他做详细的“情报调查”，比如，“探明中国沿海港口的航道，测绘较准确的海域图，侦察港口及沿海地带清政府的防务和兵力布置，调查各地出产、商业状况、风土人情，及沿海走私鸦片的可能性等”①。而第三次航海旅行，东印度公司要求郭实腊侦察如何在中国沿海扩大鸦片走私。郭实腊向英国政府和东印度公司提供了大量第一手有关中国重要港口的军事、地理、政治和经济情报，成为后来英国发动鸦片战争的重要依据。虽然郭实腊在他的书中对于自己的间谍身份只字

① 顾长声：《从马礼逊到司徒雷登——来华新教传教士评传》，上海人民出版社1985年版，第53—54页。

未提，但是他参与对华鸦片走私贩卖的行为，在历史上是抹杀不掉的。换句话说，鸦片战争的爆发原因是多方面的，但郭实腊的间谍行为在一定程度上起到了推波助澜的作用，说他是战争的帮凶，一点也不为过。总之，郭实腊笔下“中国人的形象”被彻底翻转和毁坏了。欧洲人从他的书中看到，原来中国并非那么强大和美好，通过武力打开中国的大门也并非不可能，山雨欲来，狼子野心的大英帝国已然做好发动战争的准备，于是鸦片战争爆发了。

鸦片战争之后，基督教作为“帝国主义文化侵略”的工具，伴随着西方列强的隆隆炮声进入了中国。虽然1842年的《南京条约》没有提到“允许传教”的字样，但是，由于传教士是“洋人”，具有豁免权，如果传教士在中国内地被捕，那么，中国司法没有权利判处其罪行，必须移交给其本国领事。而这之后，清政府与美国签订的《望厦条约》和《黄埔条约》，清政府承认洋人可以在五口通商口岸建立礼拜堂，行使宗教权利；后来，又迫于法国的压力，解除了天主教的禁令，答应归还被没收的天主教堂。这样一来，随着五口通商口岸的开放，西方基督教各差会又纷纷将传教士派往中国。鸦片战争之后的二十多年内，西方基督教差会在华经费激增，传教组织、传教士及传教据点的数目也大大增加。此时的基督教开始在中国创立近代文化设施，比如书局、图书馆、学校和医院等，作为宗教传播的辅助手段。据统计，当时教会创办的中文报刊已有32家，印书局5家，各类图书馆10家。1855年，基督教在香港及五口通商口岸，已经拥有学堂56所，男女学生1160人。1860年，天主教在江南地区即拥有学堂371所，男女学生5511人。[①]虽然以现在的眼光看，基督教传入中国在一定程度上促进了中国文化近代化和现代化的过程，但是，它是在鸦片战争后伴随着西方列强的坚船利炮传入的，这样就使得它的传播被贴上了帝国主义文化侵略的标签。如果说鸦片战争之前，基督教对中国社会的影响甚微，中西文化冲突还不是那么激烈和普遍，那么，鸦片战争之后，基督教伴随着列强侵略而至，直接冲击着中国传统儒家的正统观念，亵渎了中华民族情感，加上鸦片战争失败之后造成的民族悲愤的情感应和，中国民众对“洋教”的仇恨已然深入骨髓，于是就产生了一系列的“教案”：青浦教案、定海教案、西林教案等，这些教案反映出来的已经不再是文化冲突了，而是侵略与反侵略的民族矛盾和斗争了。

总之，鸦片战争对中国社会的影响是巨大的，它使得中国封建社会自给自足的自然经济结构解体，中国封建政治体制“天朝上国”与“宗藩体制”等观念崩溃，中西文化交流由“和平”转入“对抗”。由此役开始，腐朽不堪的大清王朝陷入了逢战必败，败必赔款的怪圈，第二次鸦片战争、中法战争、甲午中日战争、八国联军侵华战争，都在一定程度上加剧了中国社会性质和主要矛盾的转化，这也实实在在印证了李鸿章的“三千年未有之大变局”的论断。面对危机，摆在全体中国人面前的，不再是对天下为公的大同公道社会的追求了，而是一个生死存亡的现实问题，如何救亡图存？

---

① 郑师渠：《论两次鸦片战争间基督教的传播》，载于《中州学刊》1989年第1期。

二、救亡图存的诸种方案与现实推进

1840年的鸦片战争，使中国天下为公的帝国梦碎，开启了近代以来社会思潮剧变的时代。“鸦片战争的真意义，就是用火与剑的形式，告诉中国人的使命：中国必须近代化，顺合世界之潮流。”[①]可以说，第一次鸦片战争在一定程度上改变了中国历史正常的发展航向。这场战争使得中国的社会经济结构发生了重大变化，中国的封建社会开始解体，中国所面临的乃是“三千年未有之大变局”，面对的是“数千年未有之强敌”，民族危机与社会危机不断深化，于是救亡图存就成了时代的呼声。“中国往何处去”成为他们共同关心的时代问题，中国社会的急剧变化和中华民族的深重危机，唤醒了许多爱国的知识分子，促使他们放眼世界，历尽千辛万苦寻求救国救民真理，形成了各种起伏激荡的社会变革思潮。以林则徐、魏源为代表的经世致用派，以李鸿章为代表的洋务派，以康有为、梁启超为代表的维新派，以孙中山为代表的革命派，纷纷登场，演绎出一个个救亡图存的可歌可泣的历史故事。

---

① 茅海建：《天朝的崩溃：鸦片战争再研究》，生活·读书·新知三联书店2005年版，第25页。

（一）经世致用派：师夷长技以制夷

“经世致用派”（或者叫“早期维新派”）中，第一个应当提及的人就是林则徐。林则徐以其禁烟活动彪炳史册，但是最后却为鸦片战争的后果背上了黑锅。但正是林则徐揭开了中国必须向西方学习的序幕，尽管他的这一心路经历了很长的发展过程。早期的林则徐也是中国封建士大夫中的一员，所以他也只能以中国固有的认知结构和文化心理去理解这场战争，因而也有着强烈的“天朝上国”和“华夷之辨”的思想。但是1839年，林则徐前往广东主持禁烟，他开始正视现实，承认中国与西方列强之间的差距，于是，他组织编写了《四洲志》，系统地介绍世界各国的地理、历史与现状，《四洲志》成为近代中国第一部相对完整和系统的世界地理志书，国人由此开始了“睁眼看世界”。后来，与英国进行真正的军事交锋，林则徐见识到英国人的坚船利炮的威力，于是开始积极寻求“制夷”的方法。他提出“制夷”或者“剿夷”的八字要言，即“器良、技熟、胆壮、心齐”，既注重军事军备等物质方面的建设，又重视对军队的精神方面的建设，对改变清军的落后状态颇具针对性。只可惜他此时遭到谗言诬陷被削职查办，最终被道光皇帝发配到新疆伊犁充军，已经没有实权完成自己的救国宏愿了。

林则徐的好友，另一位更杰出的思想家魏源则提出了“师夷长技以制夷”的思想，表现出强烈的时代感和深刻的哲学意蕴。这个思想出自魏源的鸿篇巨制《海国图志》一书，该书是中国近代第一部系统介绍世界历史、地理、政治、经济和文化各个方面的巨著。在魏源看来，“制夷”并不等于闭关锁国，盲目自大，而是要了解西方，学习西方，吸收西方的长处。魏源的“师夷长技以制夷”思想有着丰富的内涵。经过鸦片战争，魏源意识到，世界是一个统一体，“天下一家”，再继续闭关自守已然不合适，他指责当时的士大夫“惟知九州以内”，对于海外列强则茫然无知。夷（指西方列强）能了解中国虚实，但是中国却无人知其情形，习其长技，实为可悲。魏源看到，中国传统的经世范围仅限在吏、河、漕、盐诸政，过于狭窄，应当放眼世界，第一“洞夷情”，了解世界；第二师夷长技，学习西方先进的军事战舰以及造船技术等。有人评价说，“魏源的主张打破了传统的思维空间，引导人们研究西方，面向世界。清初逐渐熄灭了的西学观念被重新点燃了”[①]。

为了进一步打开中国大门，英法联军发动了第二次鸦片战争，结果中国又以惨败告终，被迫签订了《天津条约》。应该说，《天津条约》是在侵略者没有遭到清军任何有效的抵抗的背景下订立的。英法列强摸清了清政府的实力与实质，他们决定以武力来争取在华更大利益，于是发生了1860年劫掠和火烧“万园之园”——圆明园的历史悲剧，英法列强迫使软弱的清政府又签下了《北京条约》。第二次鸦片战争进一步打开了中国的大门，帝国主义势力已经深入到

① 郑师渠：《思潮与学派——中国近代思想文化研究》，北京师范大学出版社2005年版，第15页。

了中国内陆。第二次鸦片战争对清王朝的影响无疑是巨大的，比如，《北京条约》签订时，恭亲王不得不放下身段，直接与英法公使谈判；中国近代史上第一个外交机构——总理各国事务衙门在西方列强的挟制下诞生。从历史角度来看，总理各国事务衙门的设立，对于中国引进西学、改革教育的主张及其实践，在开创风气、激励后进、促进科学技术和西方社会政治学说在中国的传播等方面都起到了不可低估的积极作用。但在当时来说，对人们头脑中根深蒂固的“宗藩体制”观念造成的打击也是不言而喻的。这也正反映了第二次鸦片战争之后，中国思想界进一步意识到了中国的生存危机，危局观成为当时有识之士的共识。

李鸿章恰恰就是在这样的背景之下，发出了“三千年未有之大变局”的感慨：“欧洲诸国百十年来，由印度而南洋，由南洋而东北，闯入中国边界腹地，凡前史之所未载，亘古之所未通，无不款关而求互市……此三千年一大变局。”[①]于是，以李鸿章为代表的高级官吏，包括曾国藩、张之洞，以及薛福成、冯桂芬、郑观应等形成了洋务派，掀起了中国近代史上著名的洋务运动。洋务运动的总体思想就是中体西用，即以中国传统的儒家秩序原理为根本，不改变传统体制；利用“西学”，即军事科学技术等“末技”来维护传统体制。这一点在李鸿章的思想中可见一斑。李鸿章认为，“中国欲自强，则莫如学习外国利器，欲学习外国利器，则莫如觅制器之器”，

① 李鸿章：《李文忠公全书》卷十九，台北文海出版社1980年版，第676页。

所以，洋务派以“自强”为口号，兴办了近代军事工业，著名的江南制造总局就是在李鸿章的倡议之下得以建立的，这是当时中国最大的军事工业，制造出来的枪炮弹药直接拨给军队使用。同时，洋务派以“求富”为口号，兴办了近代民用工业，比如上海轮船招商局，是洋务派创办的第一个近代民用企业。李鸿章看到中国军备松弛，海防空虚，而且水军作战能力很弱，所以积极主张筹建新式海军，经过苦心运作，终于建成了北洋海军，与福建、南洋海军并驾齐驱。此外，李鸿章还是中国铁路事业的开创者，1874年，他向清政府提出了“改驿道为电信，土车为铁路”的主张。在李鸿章的支持下，洋务运动还特别注重兴办新式学堂，培养洋务人才，并向欧美等国家派遣留学生，培养外语翻译以及军事科技等人才。随着洋务运动的开展和洋务思潮影响的扩大，中国社会的传统价值观念发生了显著的变化，打破了传统“礼仪至上”的价值观，士人不再轻视“末”业，不避讳“利”，不再轻视“商”，他们以西方的“富强”为参照物，开始崇尚“富强”，公开宣称追求财利。洋务派的知识分子更强调与西方的商战，发展工商业，追求民富国强。士人逐渐放弃了不合时宜的“天朝上国”的观念，开始接受中国是世界民族国家之林中一员的事实。“天朝上国”与“华夷之辨”的观念行不通了，产生了面向世界和现代的新价值观念。但在推进过程中，守旧派对洋务派的攻击和抵制始终存在，守旧派对洋务派以违背圣贤之道的价值观为由进行非难，洋务派始终未能在理论上进行有力的批驳，“中体西用”理论上的矛盾和局限导致洋务运动未能完全被士大夫所接受，因而未能发展成为上下一心的全国性运动。不久之后，中国与邻邦小国——日本发生了一场战争，史称“甲午中日战争”，北洋舰队全体覆没，洋务运动宣告失败。

（二）甲午中日战争与维新变法

说起甲午海战，还需要从“宗藩体制”谈起。前面已经说过，经过两次鸦片战争，清政府的“天朝上国”“天下共主”的观念已然崩溃，天朝的威仪和体制都遭到了极大的破坏，到后来实际上只剩下朝鲜这个与天朝有着特殊“宗藩关系”的小国了。但1894年，朝鲜爆发了农民起义，朝鲜政府请求清政府出兵帮忙镇压。早已准备征服朝鲜的日本趁机出兵，攻占朝鲜国都汉城。朝鲜起义平息后，清政府建议中日两国同时撤军，但日本不但不撤军，反而继续增兵。清政府多数官员不了解明治维新之后的日本国情，也不了解北洋舰队内部的腐败程度，要求出兵惩罚日本。1894年底，日本袭击清朝运兵船，8月1日两国同时宣战。这一年是旧历甲午年，这次战争被称为“甲午中日战争”。战争以清政府的惨败，《马关条约》的签订为结束标志。“华夷秩序”与“宗藩体制”的意识经过甲午战争一役全线崩溃。如果说两次鸦片战争，我们面对的强敌是英法这些身材高大的欧洲人，他们处在遥远的大洋彼岸，其工业和科技的发展并不为国人所知，这些可以作为我们战败的理由，但是日本，这个一衣带水的“倭寇”之国，向来都是以我“天朝”为师，现在它居然能够打败“天朝上国”了，是可忍孰不可忍？甲午海战让大清朝最后一丝“遮羞布”也荡然无存了。战后《马关条约》签订，清政府除了要支付日本巨额赔款，还要被迫应付欧美列强的“利益均沾”政策，政治上的独立自主权进一步丧失，中国的经济命脉逐步被列强控制和垄断了，中国完全沦为列强的半殖民地。可以说，这次战争是中国近代重大的历史事件，关系着中华民族的生死存亡，强烈刺激了中华民族的民族意识，“四万万人同落泪，天涯何处是神州？”谭嗣同的这一发问成为国民的共同心理描写。于是，救亡图存、变法维新成为时代的呼声，维新派应时而生了。

维新派主要包括康有为、梁启超和谭嗣同等。在严重的民族危机面前，康有为把西方文化对中国的“撞击”看作对中国传统政治和文化结构的全面挑战。康有为参合中西学理，在经学的框架内容纳了西方近代思想的内容，将中国传统的变易观与西方的进化论思想融合，强调变易和改革的合理性与必要性。其著作《新学伪经考》和《孔子改制考》出版后激起了强烈的社会反响，推动了维新思想的进一步传播，梁启超形容其在思想界的影响为“大地震”“大飓风”“火山大喷火”。梁启超在维新时期追随康有为，主张吸收中西学中的有益元素，只要有利于富强，皆可学习，其在《变法通议》中讲“采西人之意，行中国之法；采西人之法，行中国之意”。梁启超鼓吹变法，“法何以必变？在天地之间者莫不变……故夫变者，古今之公理也”，因而“变亦变，不变亦变；变而变者，变之权操诸己，可以保国，可以保种，可以保教。不变而变者，变之权让诸人，束缚之，驰骤之，呜呼，则非吾之所敢言矣”[1]。梁启超在《时务报》上大声疾呼，以他特有的顺畅流利且“笔端常带感情”的表达方式，达到了振聋发聩的作用。梁启超的政论在戊戌变法时期风闻一时，在变法运动中起了重要的宣传作用。

1895年，公车上书事件震惊全国。1898年6月11日，光绪帝颁布《明定国是诏》，维新变法由此开始。这次运动在政治上提出了兴民权、开议院、设制度局等政治主张。在经济上保护农工商业，设立农工商总局，提倡开办实业，奖励发明创造，广办邮政，修筑铁路，改革财政，编制国家预决算。在文教上改革科举制度，开办新式学堂，设立译书局，奖励创办报刊。在军事上采用西洋兵制，改练新式陆军等。9月底，光绪帝去天津阅兵，慈禧太后发动兵变，下旨捉拿维新派。谭嗣同多方营救光绪帝，未成功，决定以死来殉变法事业。9月28日，谭嗣同在宣武门外菜市口英勇就义。临刑前大呼：“有心杀贼，无力回天。死得其所，快哉快哉！”同时被害的维新人士还有林旭、杨深秀、刘光第、杨锐、康广仁，六人并称“戊戌六君子”，维新变法正式失败。

戊戌维新运动由国家政权的顶层发起，试图挽救民族危机，改革政治体制，发展资本主义，是迈向现代化国家的重要尝试。但是，这次变法运动的领导者和推动者是一个年轻无政治经验、无真实权力的皇帝和一群急躁冒进的书生。改革因为过急过猛，在刚开始即遭到封建顽固势力的激烈反对。戊戌维新运动最终由于维新派自身

① 梁启超：《变法通议》，《梁启超全集》第1卷，北京出版社1999年版，第14页。

的局限和以慈禧太后为首的强大守旧势力的反对而失败。变法运动虽然失败，但是促进了民主思想在中国的传播。他们关于实行君主立宪的主张，是实现政治现代化，迈开跨入现代社会的第一步。

戊戌政变后慈禧太后再次临朝训政，开始大力排除维新力量，变革的风气被打压下去，愚昧、守旧的势力迅速膨胀，清朝政治开始进入“维新变法的反动时期”。所谓“反动时期”是指从1898年戊戌政变开始至1900年义和团大闹北京的这段时期。这一时期的清政府政治以仇视西方，盲目排外为价值取向，因清朝贵族中的顽固愚昧势力盲目自大、倒行逆施而致使政治秩序大乱。义和团运动的兴起，八国联军侵华几乎将中国带至崩溃的边缘，也使中国的国际地位跌至谷底。

（三）清政府“新政”与革命派

义和团运动失败，八国联军进占北京，加之《辛丑条约》的签订，使国人对清政府极度失望，国内要求改革的呼声迅速再起。此时，外部世界的挑战和国内的严峻形势，使最高统治者终于明白，哪怕为了保护自身既得利益，也到了非改革不可的时候了。1901年，清政府成立督办政务处，宣布实行“新政”。清末新政是清朝统治者被迫进行的一场现代化改革，在政治上，出现了从君主专制政体向宪政和分权制衡的现代形态演变的趋势；颁布一系列经济和工商业方面的法律和措施，促进了中国民族资本主义的发展；废科举，兴教育，改变教育体制，倡导新学和实学，造就了崭新一代知识分子，促进了中国教育现代化的发展；改革军事制度，兴建新式学堂，派遣军事留学生，重建新式军队，促进了中国军事的现代化。但清政府本质上是一个封建政权，而新政改革的许多方面具有资本主义性质，改革的结果必然要突破旧政权的限制，成为旧政权的对立面，最后的结局要么真心实意地开放政权，和平地实现政权性质的转换，要么被革命推翻，由一个新的政权重新设计中国的出路。显然清朝贵族选择了后一种结局，最终政权被颠覆。[①]打败他们的是以孙中山为核心的资产阶级革命派。

随着清末新政的推行，新式学堂如雨后春笋，纷纷建立；留学蔚然成风，络绎不绝；西学也得到前所未有的传播，不仅内容丰富且更加全面和系统。接受新式教育，有新知识结构和素养的知识分子群体队伍不断发展壮大，面对深刻的民族危机和社会危机，他们重新思考国家和民族的命运，开始接受西方思想政治学说，政治意识逐渐觉醒，有了清晰的反对专制和实行民主的政治诉求，作为新兴的政治力量登上了历史舞台。

“与晚清帝国分化离解的社会景象相反，或者说正得因于这一分化离解的社会过程，新兴知识阶层的集团化倾向和组织化程度在不断增加，他们或麕集都市，或在国外，在学堂、报馆或自愿结合的团体内从事政治组织活动。”[②]兴中会、华兴会、光复会和岳王会以及科学补习所等革命团体陆续成立，并最终组成了统一的革命团体

① 王建朗、黄克武主编：《两岸新编中国近代史》（晚清卷），社会科学文献出版社2016年版，第459—461页。

② 许纪霖、陈达凯主编：《中国现代化史》第1卷，上海三联书店1995年版，第212页。

中国同盟会。同盟会以孙中山的三民主义即“驱除鞑虏，恢复中华，创立民国，平均地权”作为政治纲领，但大多数人只是狭隘地将革命理解为推翻清王朝的种族革命，而对体现孙中山思想的先进性的民权和民生思想了解和领悟得很少。

革命党人一方面利用现代的传媒工具如报纸、书刊等宣传革命，使民主革命思想得到广泛传播；一方面积极行动起来，联络会党并争取新军的支持，发动了一系列起义，沉重打击了清朝的统治。1911年5月，清政府为了弥补财政亏空，决定向四国银行团举借外债，以铁路和矿山为抵押，以“国有”名义把川汉铁路和粤汉铁路出卖给西方国家，最终引发了保路风潮，全面触发了清政府的政治统治危机，加速了革命的爆发。10月10日，武昌的新军打响了起义的第一枪，起义军当晚占领了武昌，取得首义的成功，并迅速在其他省份引起了连锁反应。在两个月内，就有14个省宣布起义，脱离清政府的统治。1912年1月1日，南京临时政府成立，2月12日，清朝皇帝溥仪宣布退位，延续两千多年的封建君主专制制度最终覆灭。

辛亥革命推翻了清政府的专制统治，建立了中国历史上第一个资产阶级共和政府，使民主政治在中国得以创试。孙中山在开国纲领性质的文件《临时大总统宣言书》中指出：“尽扫专制之流毒，确定共和，以达革命之宗旨，完国民之志愿。”[1]临时参议院起到国会

---

① 中国社会科学院近代史研究所民国史研究室编：《孙中山全集》第2卷，中华书局1982年版，第1—2页。

的作用，掌握立法权；总统由参议院选举产生，享有行政权，既是国家元首也是政府首脑。临时政府政治体制吸收西方政治学中分权与制衡思想，体现了政治民主化的巨大意义。民国初年的政治实践使民主、共和、选举和法治等新观念深入人心，促进了中国社会风俗、思想习惯和价值理念由传统向现代转变。

但辛亥革命是在仓促中进行的，虽推倒了清王朝但并没有在根本上改变传统社会的基本结构。革命党人的政治蓝图设计对象虽是全体国民，但其作为知识分子阶层始终未能克服与民众的隔阂。“孙中山们”扰乱旧王朝形势的能力绰绰有余，但吸引或迫使其他社会集团支持自己的能力明显不足[①]，其现代化纲领与中国现实之间还存在着物质、心理断层，因而缺乏持续的政治支持和军事力量填补帝制崩溃后所留下来的权威真空，社会转机仿佛成了无序的自发过程，新社会因子的增长赶不上传统社会的突破速度，由一个皇帝的统治变为多个“皇帝”的分治，革命的成果被军阀、官僚和政客所攘夺，中华民国远未建立起真正的民主制度。

毛泽东说过：“灾难深重的中华民族，一百年来，其优秀人物奋斗牺牲，前仆后继，摸索救国救民的真理，是可歌可泣的。”[②]鸦片战争之后，经世致用派、洋务派、维新派和革命派，恰恰是本着强烈的民族情感和拳拳的爱国之心，为救亡图存作出了种种努力和现

---

① 许纪霖、陈达凯主编：《中国现代化史》第1卷，上海三联书店1995年版，第233页。

② 毛泽东：《毛泽东选集》第3卷，人民出版社1991年版，第796页。

实推进，尽管他们都没有成功，但是毕竟在中国历史上留下了光辉的一页，他们的功绩是不可抹杀的。

三、公道追索历程的总结与启示

鸦片战争之后，面对“三千年未有之大变局”，人们思考更多的是“中国往何处去”这个重大的时代问题。无论是经世致用派、洋务派还是维新派、革命派，人们的共同心愿都是救亡图存。如果说救亡图存是针对“中国往何处去”这个时代问题所作出的现实性方案设计，那么对大同社会以及天下为公的崇高图景的追求，则是“中国往何处去”这个问题的理想建构。现实与理想，缺一不可。残酷的时代现实并没有阻碍中国人追求理想社会的脚步，大同社会依然是中国人矢志不渝的理想追求。诚如有学者所言：“深入的研究将说明，‘大同’实际上成为20世纪中国政治合法性论证的支柱之一，而现代化的实际进程又与‘大同’理想之间存有明显的紧张，诸种现代乌托邦也与‘大同’理想有或多或少的关联。对‘大同’观念的理解和运用再次呈现异中有同、同中有异的复杂状况，对这一现象作必要的分梳和批判，是理解中国现代文化精神的重要环节。”[①]灾难深重的近代中国屡遭西方列强的欺凌，救亡图存成为时代的主旋律。

---

① 高瑞泉：《中国的现代性观念谱系》，广西师范大学出版社2015年版，第306—307页。

然而，大同社会毕竟是中国儒家两千多年的理想追求，尤其是在外敌入侵、国土沦丧的时候，人民更加向往安定和谐的社会。所以，当各种派别打着“救亡图存”的旗号，登上历史舞台，发表自己的学说和理论的时候，“大同”反而有助于他们吸引更多人的关注，抓住更多的人心倾向。所以，救亡图存虽然是时代主题，但是大同社会仍然是中国人的理想追求。

在近代中国，以洪秀全为代表的农民阶级，以康有为为代表的资产阶级改良派，以孙中山为代表的资产阶级革命派，立足于民族矛盾和阶级矛盾相当激烈的时代背景，分别提出了三种颇具代表性的大同社会理想蓝图。他们对大同社会的设计模式、实现途径及与实践结合的程度虽有不同，但他们在追求公平、公正、正义、和谐的康庄大道上却同样自强不息，迎难而上，由此推动中国社会大同思想的大变迁和大发展，真正体现了中华民族探索真理、追求梦想的精神。

（一）太平天国的《天朝田亩制度》

“大同”话题，最早出现于儒家经典《礼记·礼运篇》，是自古以来中国人追求理想社会的缩影，一直为儒家学者、进步思想家和社会改良者所关注。在近代中国，“大同”也是洪秀全所率领的太平天国运动所追求的理想社会，虽然这场农民运动以拜上帝会这种颇具基督教色彩的外衣为掩盖，但其实质仍然离不开儒家的大同思想的底子。

第一次鸦片战争结束后不久，中国就爆发了太平天国起义。这场长达19年、纵横18省、建立政权14年的农民起义，旨在推翻清王朝的统治，建立一个公平、公正、安乐的大同社会，在这个社会中无处不均匀，无人不饱暖。但是，“这种理想本质上是乌托邦性质的，是永不可企及的”[①]。起义爆发前，1845年，洪秀全在其动员性宣传手册《原道醒世训》中，清楚表达了自己改造社会的理想，不过，他最初的目的仅仅是改造世道人心，实现社会变革而已。所以在这部书一开头，他强烈批判了当时社会的黑暗现实，世道乖漓，人心浇薄，所爱所憎，一出于私，也谴责了整个社会所洋溢的那种“相陵相夺相斗相杀”的局面。同时，洪秀全表明自己心目中的理想社会是孔子在《礼运篇》所言的“大道之行也，天下为公”的景象，最后指出，要实现这样的大同理想，就一定要加入拜上帝会，“然而乱极则治，暗极则光，天之道也，于今夜退而日升矣。惟愿天下凡间我们兄弟姊妹，跳出邪谋之鬼门，循行上帝之真道，时凛天威，力遵天诫，相与淑身淑世，相与正己正人，相与作中流之底柱，相与挽已倒之狂澜。行见天下一家，共享太平，几何乖漓浇薄之世，其不一旦变而为公平正直之世也！”[②]从这段论述中，“天下一家，共享太平”，其实就是中国儒家传统所讲究的大同社会，洪秀全不过

① 冀运鲁、邱仁富、齐金江：《中华伦理范畴丛书：公》，中国社会科学出版社2012年版，第436页。

② 洪秀全：《原道醒世训》，选自中国科学院哲学研究所中国哲学史组编：《中国大同思想资料》，中华书局1959年版，第56—57页。

依据拜上帝会的宗教形式，夹杂着基督教所倡导的靠着“上帝之真道”“拯救世人”的思想，力图为自己的动员学说寻求精神鼓动性的支持，以吸引更多农民加入自己的起义队伍。随着民族矛盾和国内矛盾的进一步激化，农民的日子日益难过，而洪秀全的鼓动与宣传又颇得人心，终于爆发了声势浩大、影响深远的太平天国运动。随着形势发展的需要，洪秀全在1853年占领南京之后，很快就颁布了太平天国的纲领性文件《天朝田亩制度》，这部文件可以说是洪秀全大同理想的集中体现。《天朝田亩制度》这样规定：

> ……凡分田，照人口，不论男妇，算其家口多寡，人多则分多，人寡则分寡。杂以九等，如一家六人，分三人好田，分三人丑田，好丑各一半。凡天下田，天下人同耕，此处不足则迁彼处，彼处不足则迁此处；凡天下田，丰荒相通，此处荒则移彼丰处以赈此荒处，彼处荒则移此丰处以赈彼荒处。务使天下共享天父上主皇上帝大福，有田同耕，有饭同食，有衣同穿，有钱同使，无处不均匀，无人不饱暖。①

中国是农业大国，土地是农民的根本。《天朝田亩制度》抓住了农民最关心的土地问题，以“均田”为基本原则，按照“人口”

① 洪秀全：《天朝田亩制度》，选自中国科学院哲学研究所中国哲学史组编：《中国大同思想资料》，中华书局1959年版，第57页。

来分田，根据土地好坏程度分为九等，不分男女，按照年龄，16岁以上分全份，15岁以下分半份。由此以来，最高目的就是要建立一个“有田同耕，有饭同食，有衣同穿，有钱同使，无处不均匀，无人不饱暖”的大同社会。可以说，以洪秀全为代表的太平天国领袖们为满足农民要求而描绘出来的理想蓝图，极大鼓舞了不明真相的农民群众参加拜上帝会的积极性。此外，《天朝田亩制度》规定取消私有财产，消除贫富差距，一切收入收归圣库；实行公有制经济结构，“所有婚娶弥月喜事，俱用国库，但有限式，不得多用一钱。如一家有婚娶弥月事，给钱一千，谷一百斤，通天下皆一式”。在产品分配上，实行圣库制度，“天下人人不受私，物物归上主”，每户留足口粮，其余归圣库。在社会福利方面，“矜寡孤独废疾者”，皆颁国库以养，老百姓的日常生活用品也由国库供给。此外，在政治上，社会成员享有“平等”权利：“天下多男人，尽是兄弟之辈，天下多女子，尽是姊妹之群”，这其实是借用基督教所宣扬的上帝面前人人平等的原则。在军事上，太平天国实行军事编制：“凡设军，每一万三千一百五十六家先设一军帅，次设军帅所统五师帅，次设师帅所统五旅帅，共二十五旅帅；次设五旅帅所统五卒长，共一百二十五卒长；次设一百二十五卒长所各统四两司马，共五百两司马；次设五百两司马所统五伍长。”需要特别注意的是，这里的“两”是社会基层组织，负责本单位的生产、分配、军事、文化和教育等事务。在文化教育方面，《天朝田亩制度》规定，每村都要设立教堂，作为“文化教育场所和机关”，少年儿童每天都要去接受教育。成年人在礼拜日也要进行学习。

总之，洪秀全意欲建立的太平天国，实质是中国传统儒家所提倡的大同社会，《天朝田亩制度》也以平等和平均主义为内核，集中反映了农民阶级对民生问题的关注。其中所规定的分配土地和“通天下皆一式”的社会经济生活方案，是要在小生产的基础上废除私有制和平均一切社会财富，以求人人平等，是农民的绝对平均主义思想。但是，我们也应当看到，这种方案不可能使社会生产力向前发展。因为这种“公”思想背后隐藏着重要的矛盾，既要讲究公平、公正，又要坚持绝对平均主义，这二者是对立的，是悖论性的，在实践中根本没法实践，以致于到了后期绝对平均主义必须要消灭私人制的思想，逐步制约了自然经济的正常发展，“在很大程度上成为社会发展的阻滞力”[①]。

而且，诚如潘旭澜先生所评价的，《天朝田亩制度》不是什么“伟大的反封建纲领”，而是要将“后来归从”的农民改造成战时打仗、平时“耕田奉上”的奴隶和工具，将农村改造成兵、农、教合一的社会。[②]更为重要的是，太平天国意欲建立的大同社会，是中西乌托邦思想的一个大杂烩，既不是纯正的基督教的“新天新地”，也不是传统儒家的天下为公的大同理想。洪秀全领导的太平天国在自己

① 冀运鲁、邱仁富、齐金江：《中华伦理范畴丛书：公》，中国社会科学出版社2012年版，第451页。

② 潘旭澜：《再论〈天朝田亩制度〉与〈资政新篇〉》，载于《探索与争鸣》2005年第4期。

羽翼未丰满时，意欲依附儒学来宣传拜上帝会的合法性，以吸引人心；在后来实力增强时则以基督教的“上帝真道”掀起“反孔反儒的狂飙”。太平天国所设立的大同社会其实也具有落后腐朽等封建思想的性质，这也决定了洪秀全领导的这场农民运动注定要失败的历史命运。

（二）康有为的《大同书》

如果说，太平天国的《天朝田亩制度》是第一个理想社会的蓝图，那么，康有为的《大同书》则是第二个理想社会的蓝图。

康有为是近代中国历史上“贯经术、政事、文章于一”的代表性人物。康有为的大同思想，从最早孕育到最后成书，经历了一个漫长的过程。学术界对康有为这个思想形成过程的争论也很激烈，但基本上都承认，康有为的大同思想，集中体现在他的《大同书》中。这部书与康有为更为知名的《新学伪经考》和《孔子改制考》并称为“变法三部曲”。梁启超说过，“两考”乃是“整理旧学之作”，而《大同书》才是康有为的“自身所创作”，而且，“先生独发明《春秋》三世之义，以为文明世界在于他日……于是推进化之运，以为必有极乐世界在于他日，而思想所极，遂衍为大同学说”[①]。梁启超的评价抓住了康有为大同思想的两个核心词，即“三

---

① 梁启超：《南海康先生传》，《康有为全集》第12卷，中国人民大学出版社2007年版，第430页。

世”与“进化”。可以说，康有为的整个思想体系，就是旨在通过三世（据乱世，升平世，太平世）说，强调变法维新，转变中国的封建皇权为资本主义的君主立宪或虚君共和制度，从而促使中国社会进一步进化发展到太平世，也就是大同社会。从思想资源的借鉴方面看，正如康有为在《大同书》中所言，“又荟东西诸哲之心肝精英而酣饫之”，这部书融合了他关于中国传统儒学的仁说，《公羊》中的三世说，《礼运》中的大同说，又包含了西方达尔文进化发展观、卢梭的天赋人权论，此外还有佛教的“八苦”、“界”、慈悲观等等，可谓“中西印融会贯通”，这些构成了他的《大同书》的理论基础。

康有为的《大同书》共分为十部，分别用甲、乙、丙、丁、戊、己、庚、辛、壬、癸来标识各部题目。其中最重要的是甲部，是全书的总论。就内容方面概括而言，康有为所构筑的大同社会是一个政治上实行民主共和制度的社会，经济上实行公有制，生活上以民为本，社会组织上主张废除家庭，实现男女平等的理想社会。具体而言，首先，就政治制度方面来说，大同社会的制度应当是民主共和制度。康有为认为，建立民主共和政体的前提是要“消灭国家”。因为人类最初群居生活，后来产生了家庭、部落，最终发展为国家。而国家正是导致战争，造成人类灾难的根源，国家与国家之间的战争，才导致了人类自相残杀，这就是“有国之害”。要根除这种“苦”，就必须“去国界”，建立一个不分国界，没有帝王和君主，没有军队和国家，人人平等，天下大同的极乐世界。这就是大同世界，在这样的理想社会中，所有人都是世界公民，一切权利都属于人民。到了大同时代，“大地合一”，没有国家、民族，全世界只设一个“公政府”，负责管理社会公共事业和人们的物质文化生活；各国实行小政府，实行民主自治。“公政府只有议员，无行政官，无议长。无统领，更无帝王。大事从多数决之。”总之，康有为设计的大同社会，政治制度的典型特征就是“废君权、兴民权”，只有君主制度的隐退，民主权利的强大，才能实现政治上的真正平等。在经济制度上，康有为认为，理想的大同社会应当是废除私有制，实行公有制的社会。因为私有制会带来贫富差距和两极分化，甚至会引发社会动荡。正是因为私有制，农民无田可耕，只能流离失所，工人也只能依赖资本家生存，生怕丢掉饭碗。即使有一些“不忍人之心”的仁人志士，想要使人民无冻馁之患，无不均之忧，也实不可得。这样一来，不免就会产生社会动荡。所以，一定要消灭私产才行。具体措施包括以下几方面：实行“共农”，禁止土地买卖，由国家统一管理；对工业进行统一管理；实行“公商”，只有对公有制进行整顿才能实现大同社会。总之，一个总的原则就是“去私从公”：“今欲至大同，必去人之私产而后可；凡农工商之业，必归之公。”（《大同书·去产界公生业》）关于人民生活，康有为主张“以民为本”，并以此理念来构想大同世界。首先，废除了国家之后，人直接隶属于“天”，所以称为“天民”。而根据大同社会的政治制度，设立公政府和各种社会组织，其根本职能在于解决民生问题，所以公政府的职责在于公养、公恤和公教等，让所有人都可以平等地享受供养、体恤和教育。“而公立政府者，人人所共设也，公立政府当公养人而公教之，公恤之。”其实康有为这种思想恰恰是对《礼记·礼运篇》中“老有所养，壮有所用，幼有所长，矜寡孤独废疾者皆有所养”的理想性扩充。而且，康有为认为，到了大同世界，物质极大丰富，完全可以满足所有人的生活要求，吃要“饮食日精”，穿要“裹身适体”，住要“珠矶金碧”，行要“行走千里”，等等。当然，要维持人民幸福生活，就必须遵循大同“四禁”：第一禁，禁懒惰；第二禁，禁独尊；第三禁，禁竞争；第四禁，禁堕胎。关于社会组织方面，康有为主张废除家庭，继而废除婚姻。他曾经列举了家庭之害十多条，其中最主要的观点就是，“家者，据乱世、升平世必须之要，而太平世最妨害之物也”①。在他看来，家庭是个人自由最大的压制，乃是烦恼之根，苦难之根源，在据乱世、升平世还是需要家庭的，但是到了太平世则成为妨碍之物了。所以，在太平世应该去国、去家。构成家庭的根本原因乃在于婚姻。康有为主张婚姻自由，“既两相爱悦，理宜任其有自主之权”，又认为男尊女卑乃是据乱世之法，所以应当男女平等才行。“太平大同之世，男女各有独立之权，有交好而非婚姻，有期约而非夫妇。……故大同之世，交合之事，人人各纵其欲而给其求，荡荡然无名无分，无界无垠，惟两情之所属。”②可见，康有为所描绘的大同世界的未来家庭生活是建

① 康有为:《大同书》第三,《康有为全集》第7卷，中国人民大学出版社2007年版，第91页。

② 康有为:《大同书》第七,《康有为全集》第7卷，中国人民大学出版社2007年版，第180—181页。

立在以两情相悦为基础的契约婚姻制度的基础之上，完全不同于传统婚姻制度，这样会导致家庭所承担的社会责任和义务的消失，这也必然导致产生“去家”的思想。

事实上，康有为不但要消除家庭，实现男女平等，而且进一步提出了要实现人人平等，就要去除各种界限，这就是“去九界”的思想。他说，“吾救苦之道，即在破除九界而已。第一曰去国界，合大地也。第二曰去级界，平人民族也。第三曰去种界，同人类也。第四曰去形界，保独立也。第五曰去家界，为天民也。第六曰去产界，公生业也。第七曰去乱界，治太平也。第八曰去类界，爱众生也。第九曰去苦界，至极乐也”[①]。康有为认为，“九界”是社会一切弊害的总根源，因此，要实现大同社会的美好蓝图，就必须要“去九界”。不可否认，在当时的历史条件下，康有为提出“去九界”的确具有反封建、反传统的意义，因为他的思想的确是建立在对现实世界的严格批判的基础之上的，是受苦难的中国人民要求改变社会现状和追求美好社会的强烈愿望的反映。

总之，康有为的《大同书》继承了中国儒学传统的大同观念。有学者评价说，“康有为的思想中，大同是其终极性的追求，而通过结合公羊三世和进化论，康有为的大同说有了合理的逻辑建构，从而使得康有为的社会理想既有现实的关切，又有理想的维度”[②]。但是，他

---

① 康有为：《大同书》第七，《康有为全集》第7卷，中国人民大学出版社2007年版，第25页（注4）。

② 干春松：《康有为的三世说与〈大同书〉》，载于《思想与文化》2015年第1期。

描绘的大同社会的美好蓝图，“理想”的维度过高，比如“去九界”的思想已经完全脱离了中国社会的现实，只能算是一种空想或者臆想，根本不可能实现。康有为的大同理想只是广泛吸收了古今中外的各种先进思想的养分，一股脑地融入自己的政治理想之中，是典型的儒家式的理想建构而已，忽略了这种理想得以实现的现实性因素。

（三）孙中山天下为公的思想

孙中山是近代中国伟大的民主革命先行者，近代民族民主革命的开拓者，也是中国国民党和中华民国的缔造者。“天下为公”是孙中山经常题写的词句，可见，大同也是他所追求的理想社会，并且为之奋斗一生。孙中山的大同思想，一方面继承了中国传统儒家的大同理想，另一方面更多借鉴了欧美思想界的资源，所以使得其大同思想既有对中国社会本土的根本改造，又有根本重建国际格局的气魄。可以说，孙中山所提倡的天下为公，是与世界大同紧密结合在一起的。

同盟会成立之前，孙中山曾公开宣称：“余之主张为‘大同主义’。”后来，他多次在不同场合书写《礼记·礼运篇》中“大道之行”一段。而集中表达其大同思想的，是以民族、民权和民生著称的“三民主义”。三民主义是指民族、民权和民生是一个不可分割的统一体，具体来说，民族主义指的是推翻清王朝的封建统治，建立一个统一的多民族国家；民权指的是建立资产阶级民主共和国的政治体制；民生则是改良资本主义以达到“社会永远之幸福”的社会革命。

先来看民族主义。自鸦片战争开始，中国饱受西方列强的侵略，国家地位和民族地位不断下降。基于这样一种历史事实，孙中山说："我们要将来能够治国平天下，便先要恢复民族主义和民族地位。用固有的道德和平做基础，去统一世界，成一个大同之治，这便是我们四万万人的大责任。"[①]可见，民族独立是实现大同理想的前提条件。所以，大家所熟知的"驱除鞑虏，恢复中华"的口号，是在旧民主主义革命时期，孙中山提出的口号；而后来"反对帝国主义"，"废除不平等条约"是在新民主主义革命时期提出的口号，这充分表明，孙中山是以中华民族的独立自由为基本前提，这是实现大同社会的第一步。其次，除了民族独立，孙中山还看到，民族问题的彻底解决，必须要以寻求民族自由与平等为起点，并以世界大同为目标。"民族主义，特就先民所遗留者，发挥而光大之；且改良其缺点，对于满洲，不以复仇为事，而务与之平等共处于中国之内，此为以民族主义对国内之诸民族也。对于世界诸民族，务保持吾民族之独立地位，发扬吾固有之文化，且吸收世界之文化而光大之，以期与诸民族并驱于世界，以驯致于大同。"[②]孙中山的大同理想，首要的前提就是民族独立、自由与平等。在此基础上，孙中山还追求大同的"世界主义"，所以，他一开始就把大同理想理解为"天下

① 广东省社会科学院历史研究所等编：《孙中山全集》第9卷，中华书局1986年版，第253页。

② 广东省社会科学院历史研究所等编：《孙中山全集》第7卷，中华书局1985年版，第60页。

大同”，即国家消亡，全世界人民和平共处在一个高度和谐的理想社会之中，“世界大同才是民族主义的最后理想”，“将来世界总有和平之望，总有大同之日，此吾人无穷之希望，伟大之理想”[①]。可见，孙中山所倡导的天下为公，是以实现世界大同为最高理想的，这也是他为之奋斗一生的终极目标。

其次，来看民权主义。孙中山所倡导的民权主义，实质在于让人民当家作主，让人民真正享有管理国家和社会的大事的权利，他说：“民权便是人民去管理政治”[②]，让人民积极参与国家大事，就需要更多倾听民众的声音。民权与君权相对。孙中山认为，中国历史的特点就是人人想当皇帝，这种心理也是中国历史长期混乱的原因。而防治这种心理的唯一方式就是讲民权主义。有很多外国人，比如美国学者古德诺就认为，中国人在思想文化上比不上欧美，所以不能用民权。孙中山严格驳斥了这种论调，认为，从孔子和孟子这些儒家先哲的论述中，都体现出非常强烈的民权思想，比如，孔子所说的“大道之行也，天下为公”，孟子所说的“民为贵，社稷次之，君为轻”恰恰就是主张民权主义。所以，他说，“中国古人也有这种思想，所以我们要希望国家长治久安，人民安乐，顺乎世界潮流，非用民权不可”。此外，孙中山还将“民惟邦本”“邦本固宁”等看作民权的重要部分，主张实行“全民政治”与“贤人政治”，充分体

① 孙中山：《孙中山选集》，人民出版社1981年版，第430页。

② 广东省社会科学院历史研究所等编：《孙中山全集》第9卷，中华书局1986年版，第325页。

现了其“公天下”的大同世界的政治思想。

最后，来看民生主义。在三民主义中，孙中山曾经这样解释民生主义，“民生就是人民的生活——社会的生存、国民的生计、群众的生命便是。我现在就是用民生二字，来讲外国近百十年来所发生的一个最大问题，这个问题就是社会问题。故民生主义就是社会主义，又名共产主义，即是大同主义”[①]。那么，如何实施民生主义呢？关键点在于土地与资本问题，所以，孙中山提出平均地权的思想。在孙中山看来，平均地权就是要把土地增价收归国有，防止私人对土地的垄断，排斥大资本家的垄断，让人民享有生产自由：“民生主义，则排斥少数资本家，使人民共享生产之自由。故民生主义者，即国家社会主义也。”[②]后来，随着俄国十月革命的胜利，孙中山又非常明确地提出了“耕者有其田”，这个口号看起来跟太平天国的《天朝田亩制度》类似，但是与《天朝田亩制度》有本质上的不同。“耕者有其田”的思想借鉴了十月革命的成功经验，孙中山认为，“目前的俄国改良的农业政治以后，便是推翻普通大地主，把全国范围内的田土，都分到普通农民手中，使耕者有其田；我们现在就要仿效俄国的这种公正、公平办法，也要求耕者有其田，这才真正是彻底的革命”。由此，我们看到，从平均地权到耕者有其田，孙

① 广东省社会科学院历史研究所等编：《孙中山全集》第9卷，中华书局1986年版，第355页。

② 广东省社会科学院历史研究所等编：《孙中山全集》第2卷，中华书局1982年版，第339页。

中山的理论与纲领，抓住了中国发展的根本问题即土地问题，目的是真正解决人民的基本生活问题，防止贫富差距加大，相较洪秀全的《天朝田亩制度》和康有为的《大同书》，孙中山的思想更加具有科学性和现实性。孙中山的理论是建立在充分认清中国基本国情和世界发展趋势的基础上而提出的，并没有脱离现实社会。

孙中山的大同思想充分表达了近代中国先进知识分子在民族危机加重，社会动荡不安的时刻渴望国家独立，渴望民主，渴望安定生活的要求。孙中山的大同理想，激励他在领导中国资产阶级革命的进程中，始终能够锲而不舍，坚韧不拔，大胆地将孔子浓缩的百字大同理想尽情地、淋漓尽致地展开，贴近时代的要求加以发挥，努力使之由理念转化为现实。正是本着天下为公的思想，孙中山终其一生，践履不渝，的确是一位伟大的革命先驱者。

洪秀全、康有为、梁启超和孙中山虽然分别代表不同的阶级利益，但他们都以儒家传统的大同思想作为自己的追求目标。由于受之于当时历史条件的限制，他们的大同理想带有严重的局限性。洪秀全的《天朝田亩制度》是由农民阶级主导的辐射太平天国的一种平均共享主义，康有为的《大同书》代表的是资产阶级改良派主导的世界共享主义，孙中山代表的则是资产阶级革命派的利益，反映了天下为公与世界大同的理想。不过比较而言，孙中山的大同理想带有更明显的近代特征，正如有学者分析的那样：“第一，出于救亡图存的历史背景和现实需要，将大同理想置于全球化的历史语境中，突破了中国古代家国同构，‘天下一家，中国一人’的模式，旨在借助大同社会解决中国与西方的平等问题；第二，将平等、自由视为大同社会的基本特征，贯彻了近代的价值理念和民主要求；第三，在大同社会的实现上，以进化论为武器，将大同理想纳入进化史观中，彰显了大同社会的必然性和正当性。这些是近代大同理想有别于古代之处，也是孙中山与康有为、谭嗣同思想的一致性。从这个意义上说，孙中山和康有为、谭嗣同的大同思想都属于近代形态。在这个前提下，应该看到，孙中山的大同理想与康有为、谭嗣同等人具有不容忽视的明显区别：第一，秉持民族主义的立场；第二，将实现大同与平等纳入到现实的政治斗争等。这些区别体现了孙中山领导的辛亥革命与康有为发起的维新变法的区别，也是孙中山大同理想的独特魅力。从这个意义上说，不理解孙中山的大同思想的独特性便无法理解三民主义的实质，也就无法从根本上认识孙中山领导的辛亥革命及民主革命的历史意义。”[①]这种评论客观而中肯。孙中山天下为公的思想对近代中国革命的发展、社会的进步、民主的进程都起到了巨大的促进作用，其影响是十分深远的。

---

① 魏义霞、高志文：《孙中山的大同理想及其意义——兼与康有为等人比较》，载于《黑龙江社会科学》2011年第5期。

第三章　公道追求的坚实探索

辛亥革命结束了两千多年的封建君主专制制度，推翻了清朝贵族的专制统治。然而革命的果实被窃取，军阀、官僚和政客等纷纷企图建立自己的势力版图，人民依旧过着水深火热的日子，推翻帝制与建立中华民国并未换来人们所期待的生活。孙中山曾经沉痛地表示："政治上、社会上种种黑暗腐败比前清更甚，人民困苦日甚一日。"[①]毛泽东也在《论人民民主专政》一文中提到："国家的情况一天一天坏，环境迫使人们活不下去。怀疑产生了，增长了，发展了。"[②]在救亡图存的岔路口上，中国人迎来了马克思主义，中国共产党在公道追求的道路上进行了坚实的探索。

---

① 广东省社会科学院历史研究所等编：《孙中山全集》第9卷，中华书局1986年版，第99页。

② 毛泽东：《毛泽东选集》第4卷，人民出版社1991年版，第1470页。

一、马克思主义传入及与中华传统文化的会通

有学者指出，中国之所以能够在人类历史上独领风骚上千年，为世界文明的发展作出贡献，就在于“中华民族的许多文化是接纳、吸收和融合了外来文化而丰富起来，成为博大精深的中华文化”[①]。在国人迷茫中国社会发展将何去何从之际，马克思主义为中国的知识分子送来了希望。在不同的时空和不同的文化背景之下发展起来的马克思主义与中华传统文化，表现出了思想上的亲和性。近代著名学者王国维曾言：“中西二学，盛则俱盛，衰则俱衰，风气既开，互相推助。”[②]马克思主义与中华传统文化相结合并被运用于指导实践，既是马克思主义中国化发展历程的自然结果，又是中华传统文化发展的必然要求。

（一）中国接受马克思主义的时代契机

清朝末期，西方列强的入侵让国人了解到西方文明的优越性，西方的坚船利炮使人们对西方文明充满向往。辛亥革命的失败和第一次世界大战的爆发又让爱国人士们开始质疑西方资本主义文明的优越性。

---

① 石仲泉：《马克思主义中国化与传统文化——纪念中国共产党成立90周年》，载于《贵阳市委党校学报》2011年第2期。

② 王国维：《人间词话：王国维美学文选》，安徽文艺出版社2015年版，第170页。

清朝末期，帝国主义打开中国国门，在经济、政治乃至文化方面进行全面侵略，清政府不仅未能有效采取应对措施，而且签订了多个不平等条约，导致领土主权、贸易自主权丧失。战争使得社会动荡不安，给百姓们带来了灾难，人们的生活秩序遭到了破坏，人们的生命安全遭到严重威胁。流离失所的底层人民受到严重剥削和压迫，亟须改变自己的现状。面对百姓所遭受的灾难，清政府却继续腐败，甚至为了自保联合洋人屠杀国内百姓。甲午中日战争更是将清政府的腐败无能展现得淋漓尽致。中国内部问题之严重，全国各地不断爆发的起义活动，知识分子们不断发出的改革变法等诉求，都表明了中国人渴望改变社会现状。与此形成鲜明对比的是日本，原本不受重视的弹丸小国，曾经和清朝一样闭关锁国，却在经历明治维新之后跻身强国行列，并反过来欺凌素有“天朝”之称的大清国。列强的侵略让国人清楚地看到落后就要挨打的现实。随着中西文化交流越来越密切，人们逐渐了解到西方的政治体制和制度。西方国家的政治体制满足了人们的强国理想，似乎还符合自古以来人们所追求的大同社会。人们对封建君主专制制度丧失了信心与希望。知识分子们不断深入了解发达国家的政治组织形式，提倡学习西方，各种改造社会、建设新社会的呼声日益高涨。

清朝时期，国人就已经开始引介欧美民主、共和等新的政治理念，一方面是受到西方传教士的影响，另一方面得益于中国思想家对世界其他国家情况的积极介绍。第一次鸦片战争唤醒了沉迷于以“天朝”自居的部分士大夫，他们决定了解这些“实不知其来历”的西方侵略者。林则徐作为“睁眼看世界的第一人”，突破了“天朝”的限制，了解西方资本主义国家发展情况，翻译书籍，把外界的信息带入国内。其著译的《四洲志》《华事夷言》《滑达尔各国律例》等成为近代中国较早介绍外国的文献。魏源、徐继畬等也积极参与到这一伟大的事业之中。在他们笔下，欧美政治达到了“其章程可垂弃世而无蔽”的水平，与中国传统文化中所追求的天下为公颇为相近。例如林则徐介绍美国的总统制“四年为一任，期满更代；如综理允协，通国悦服，亦有再留一任者，总无世袭终身之事”。“公举”过程依次往上，并且最终以多者服众。实行议会制，“军国重事关系外邦和战者，必与西业会议而后行。设所见不同，则三占从二”[①]。这与清朝政府的专制统治形成了强烈对比。再如徐继畬评价华盛顿：“乃不僭位号，不传子孙，而创为推举之法，几于天下为公，浸浸乎三代之遗意。其治国崇让善俗，不亦回与诸国异。”[②]这一段文字后被刻成石碑镶嵌在华盛顿纪念塔第十层。在这些士大夫笔下，西方的政治制度似乎可媲美上古时期不封子孙的禅让制了。“君主”“民主”等想法逐渐加强了人们对民主理想的认识和向往。随着洋务运动中民族资本主义的产生，资产阶级知识分子也有了建立立宪制度的要求。西方民主制度为当时中国的知识分子提供了一种新的希望。

---

① 林则徐著，张曼评注：《四洲志》，华夏出版社2002年版，第146页。

② 鹤斐编著：《卓越之道：杰出人物领导艺术全书》，海潮出版社2005年版，第4页。

辛亥革命成功推翻了清朝的专制统治，结束了专政政体，建立了民主共和政体，似乎为践行西方资本主义政治制度的幻想提供了实证。孙中山的三民主义理论体系是以民权主义为核心的，主要取法于欧美资产阶级革命时期的民主思想。民国成立之后，照搬西方的议会制、多党制、普选等政治组织形式和活动程序，然而践行起来却远没有理想中的那么美好。辛亥革命的最终果实遭到窃取，军阀混战让知识分子等爱国志士看到在中国实践西方制度是行不通的。

第一次世界大战对马克思主义在中国的传播起到了催化作用。第一次世界大战充分展示了战争的残酷性，战争后的社会极度混乱，西方人对自己的文明产生了价值怀疑。战争昭示，曾被宣扬为万能的科学可以是造福人类的工具，也可以成为摧毁人类文明的武器。对于中国思想界来说，这场战争以最尖锐的方式揭露了资本主义制度的矛盾。国内宣扬的“物竞天择、适者生存”的进化论提倡“弱肉强食，优胜劣汰”，在这种思想基础上，“谓剿绝弱者为强者之天职，且为世运进化所必要”①，强国侵略弱国、强者欺压弱者变得有理可循，帝国主义和个人主义极度膨胀。以此为思想基础的帝国主义、强权主义不断引发国与国之间的竞争与矛盾，最终导致第一次世界大战的爆发。梁启超认为，进化论导致了军国主义、帝国主义逐渐成为国际流行的政治方针，一战爆发正是起源于此，并预言将来各个国家内部也会受到进化论影响而引发阶级战争。原本盲目追

---

① 梁启超:《欧游心影录》，商务印书馆2014年版，第15页。

求西方文明的知识分子开始反思西方文明的价值。李大钊曾感言："（一战）使欧洲文明之权威大生疑念。欧人自己亦对于其文明真价不得不加以反省。"[①]

一战后，由于西方进化论受到知识分子的质疑，此时由俄国无政府主义者克鲁特金提出的互助论受到中国知识分子的普遍欢迎。互助论认为："动物界和人类社会演化和发展的基本法则不是弱肉强食，生存竞争，而是种族互助，互助的生存，不互助的淘汰。"[②]互助论传达的价值理念与中国传统文化中倡导的仁爱、和合以及利他主义等理念不谋而合。中国思想界对互助论的接受间接促进了空想社会主义的传播与实践，这成为部分知识分子信仰马克思主义的中介。除此之外，与西方资本主义文明之下的社会状况形成鲜明对比的是，社会主义给人们营造的是一个更为和平美好的世界。著名的英国哲学家罗素这样描述社会主义："生产品、器具、土地、利益，皆归之共有，再分配于个人，不为私人所揽有，方为公道"，离开了社会主义，经济再发达也会有"不平之事发生，此阶级压制他阶级，苦者益苦，富者益富，弊害丛生"[③]。

---

① 李大钊：《李大钊文集》上册，人民出版社1984年版，第565页。

② 郑大华：《一战与战后（1918—1927）中国文化思潮的变动》，载于《淮阴师范学院学报》（哲学社会科学版）2004年第4期。

③ 罗素：《社会主义》，载于《时事新报》副刊《学灯》1921年2月21日，转引自金冲及：《他们为什么选择了社会主义——五四时期先进青年思想变动轨迹的剖析》，载于《学习与研究》1989年第9期。

（二）马克思主义与中华传统文化的会通过程

“十月革命一声炮响，给我们送来了马克思列宁主义。”[①]十月革命之后，马克思主义在中国社会产生了重要影响。马克思主义与中国传统文化的会通是伴随着马克思主义中国化的过程展开的。有学者曾将马克思主义与中华传统文化相结合的过程分为五个阶段：十九世纪末至二十世纪二十年代初是“比附和依附阶段”，二十世纪二十年代初至四十年代初是“碰撞和冲突阶段”，二十世纪四十年代初至“文化大革命”前是“互相吸收与融合阶段”，“文革”期间是“疏离阶段”，改革开放以来是“再度结合阶段”[②]。马克思主义传入中国远远早于俄国十月革命胜利，只是早期传入中国的马克思主义缺乏生长的土壤，未能获得广泛关注。

最早关于国际工人运动和社会主义学说的记录，出现在前往法国道歉的清政府外交官们的日记和游记中，此时巴黎正处于巴黎公社革命期间。1899年外国传教士在《万国公报》上刊登的文章提到马克思、恩格斯。随后相继有人翻译介绍社会主义的相关书籍，其中对社会主义介绍比较详细的是柯卡普撰写的《社会主义史》。毛泽东就曾指出《社会主义史》是帮助他建立马克思主义信仰的三本书

---

① 毛泽东：《毛泽东选集》第4卷，人民出版社1991年版，第1471页。

② 陈方刘：《马克思主义与中国传统文化相结合研究》，上海人民出版社2014年版，第41页。

之一。[①]国内较早在自己著述中提到马克思的是梁启超，梁启超曾在《时务报》中多次介绍西方社会主义者的相关活动。孙中山曾在旅游欧洲期间了解到社会主义，还曾对《共产党宣言》和《资本论》有过研究，并评价马克思的相关学说是集几千年来人类思想的大成于一身。同盟会建立后，资产阶级革命党人逐渐开始介绍包括马克思主义的科学社会主义学说在内的各种社会主义思想。辛亥革命建立理想社会的设想虽然最终未能实现，但辛亥革命为中国共产党的诞生提供了准备条件，其中就包括思想理论条件和干部条件。辛亥革命后，《东方杂志》《新世界》等多种刊物对马克思主义进行了介绍。更为深层次的影响是，辛亥革命所引发的思想解放为后期马克思主义理论在中国的传播提供了前提条件。

马克思主义在中国的广泛传播与俄国十月革命的胜利有着直接的关系。当时的中国亟待一种拯救国家危亡的社会变革，先进的知识分子对西方资本主义政治制度不再抱有幻想，转而寻找一种更加有效的理论武器。在同样受着严重的封建压迫、经济文化落后的俄国发生的这场社会革命，用实际行动抵抗了帝国主义的掠夺，建立了世界上第一个无产阶级专政国家，为广大无产阶级争得了权力，鼓舞了殖民地半殖民地人民的解放斗争。资本主义独占天下的局面被打破，俄国十月革命的胜利，把原本存在于书本上的社会主

① 曾银慧:《第一本社会主义发展史的中译本——〈社会主义史〉》，载于《决策与信息》2016年第6期。

义制度变成了现实，燃起了人们的希望。中国人“用无产阶级的宇宙观作为观察国家命运的工具，重新考虑自己的问题。走俄国人的路——这就是结论”[①]。俄国十月革命取得胜利后，中国先进知识分子开始把目光转向苏俄，转向马克思主义。

五四运动时期，在中国新式知识分子的宣传与鼓动下，介绍马克思主义成为不可阻挡的潮流。五四以后，“中国产生了完全崭新的文化生力军，这就是中国共产党人所领导的共产主义的文化思想，即共产主义的宇宙观和社会革命论”[②]。当时，有众多“主义”传入中国，社会主义有多个不同的流派，知识分子们对社会主义和马克思主义了解也不够深刻，是“隔着纱窗看晓雾”[③]。针对众多不同的“主义”，李大钊和胡适还展开了关于各种主义救国的适切性的论争。李大钊对马克思主义思想的介绍逐渐吸引了许多人来支持马克思主义。李大钊是在中国广泛传播马克思主义的第一人，也是最早具有马克思主义中国化思路的先驱。马克思主义的宣传途径主要以报刊为媒介，并在团体内展开研究和讨论。其中《新青年》在五四运动后发展为宣传马克思主义的主要阵地，而五四运动的后期，斗争主力由学生逐渐转向工人，工人阶级开始以政治罢工的方式伸张自己的正当诉求，逐渐发展起独立力量，在斗争中展现了该阶级特有的伟

---

① 王进等主编：《毛泽东大辞典》，广西人民出版社、漓江出版社1992年版，第654页。

② 毛泽东：《毛泽东选集》第2卷，人民出版社1991年版，第697页。

③ 张珊珍主编：《党史第一课：中国共产党成立全纪录》，人民日报出版社2012年版，第175页。

大力量。与此同时，苏维埃俄国政府的第一次对华宣言更有力推进了马克思主义的传播。苏维埃政府表示要废弃沙俄在中国境内享有的一切特权。饱受资本主义列强欺压的中国人看到了马克思主义思想所指导下的苏维埃政府与以往的西方倡导弱肉强食的帝国主义的差异。“许多原来有着不同经历的先进知识分子，经过自己的深思熟虑和反复比较，通过不同的途径，走上了马克思主义的道路。”[①]这些从五四运动中诞生的年轻骨干经历了思想方向的转变，其中就有著名领袖毛泽东，他已经在理论上和“某种程度的行动上”，“成为一个马克思主义者了”[②]。

在这一阶段，面对初入人们视野的马克思主义与有着数千年悠久历史的中华传统文化的交锋，早期的传播者理解马克思主义“只能从中国固有的传统文化去理解它，解释它，并把它的某些方面比附于中国传统文化的某些方面”[③]，比如就有将马克思主义中的共产社会与天下为公的大同世界作类比的阐发。梁启超在《中国之社会主义》一文中介绍社会主义，他认为社会主义与中国古代的井田制有共同的立足点。“社会主义者，近百年来世界之特产物也。櫽括其最要之义，不过

① 中共中央党史研究室著，胡绳主编:《中国共产党的七十年》，中共党史出版社1991年版，第16页。

② ［美］埃德加·斯诺著:《西行漫记》，董乐山译，生活·读书·新知三联书店1979年版，第131页。转引自中共中央党史研究室著，胡绳主编:《中国共产党的七十年》，中共党史出版社1991年版，第17页。

③ 转引自吴立红、吕巧凤、许艳丽:《马克思主义与中国传统文化相结合的历史进程》，载于《学术交流》2012年第4期。

曰土地归公，资本归公，专以劳力为百物价值之原泉。……此等言论颇耸听闻。虽然，吾中国固夙有之。……此等言论，与千八百六十六年万国劳力党同盟之宣言书，何其口吻之逼肖耶？中国古代井田制度，正与近世之社会主义同一立脚点，近人多能言之矣，此不缕缕。”[①]在《欧游心影录》中，他又指出“提倡这主义，精神和方法不可并为一谈。精神是绝对要采用的，这种精神不是外来，原是我所固有。孔子讲的‘均无贫，和无寡’，孟子讲的‘恒产恒心’，就是这主义最精要的论据。我并没有丝毫附会”[②]。宋教仁对社会主义的翻译是“民胞物与之主义，太平大同主义”。孙中山更是将西方的空想社会主义、马克思主义与中国古代的大同理想相结合，进一步阐释天下为公的社会理想：“人民对于国家不只是共产，一切事权都是要共的。这才是真正的民生主义，就是孔子所希望之大同世界。”[③]

在1921年中国共产党成立以前，还只是马克思主义与中华传统文化相结合的前期准备阶段，二者真正开始会通始于中国共产党的成立。中国共产党从成立之日起，既是中华优秀传统文化的忠实传承者和弘扬者，又是中国先进文化的积极倡导者和发展者[④]，将马克思主义与中华传统文化相结合正是发展中国先进文化的有效途径之一。此时马克思主义的传播由自发转变为自觉，毛泽东思想则是

① 梁启超：《梁启超全集》第1册，北京出版社1999年版，第392页。

② 梁启超：《欧游心影录》，商务印书馆2014年版，第45页。

③ 孙中山：《三民主义》，东方出版社2014年版，第222页。

④ 中央社会主义学院马克思主义理论教研部编：《中国特色社会主义理论体系教学大纲》，华文出版社2013年版，第88页。

二者会通的集中体现。毛泽东自觉地运用中华传统文化来诠释马克思主义，并结合中国的实际问题加以中国式的表达。他指出“马克思主义必须和我国的具体特点相结合并通过一定的民族形式才能实现”[①]。马克思主义代表的是无产阶级的利益，为无产阶级和人类解放而斗争，社会主义民主是人民的民主，实现的平等是最终消灭剥削，人人共同富裕的平等。在中国共产党领导的革命、建设和改革等活动中，马克思主义与中华传统文化共同发挥了重要的指导作用。其中的典型代表就是，毛泽东所提出的“实事求是”借用了传统文化中的实事求是概念，概括了马克思主义中的辩证唯物主义和历史唯物主义的基本原理。“实事求是”的提法最早出现在《汉书·河间献王传》中，河间献王刘德是汉景帝的儿子，汉武帝的异母兄。“河间献王德，修学好古，实事求是。从民得善书，必为好写与之，留其真，加金帛赐以招之。”故事说的是刘德在搜集古籍以及做学问时的实事求是精神。实事求是，从实事中寻求对的合理的道理。颜师古对实事求是的解释是“务得事实，每求真是也”。王充《论衡》中也提到“知物由学，学之乃知”。毛泽东撷取这一优秀传统，结合马克思主义作了阐释：“‘实事’就是客观存在着的一切事物，‘是’就是客观事物的内部联系，即规律性，‘求’就是我们去研究。”[②]实事求是是指一切工作都根据客观存在着的实际情况作出决策。坚持

① 毛泽东：《毛泽东选集》第2卷，人民出版社1991年版，第534页。

② 毛泽东：《毛泽东选集》第3卷，人民出版社1991年版，第801页。

理论联系实际，把马克思主义的普遍真理同中国革命的具体实践相结合。就这样，毛泽东将中华传统文化中的优秀遗产与马克思主义基本原理充分结合，为中国共产党的一系列实践活动提供行动指南。冯友兰曾经指出毛泽东思想的两个来源便是西方传来的马克思主义和中国的古典哲学。[①]

毛泽东接受马克思主义也有着中华传统文化的深层原因。毛泽东熟读四书五经，其中就包括构建“人不独亲其亲，不独子其子；使老有所终，壮有所用，幼有所长，矜、寡、孤、独、废疾者皆有所养”[②]般理想社会的《礼记》。在青年时代，毛泽东深受康有为《大同书》的影响，极力推崇康有为。康有为在《大同书》中描绘理想社会：“无所谓君，无所谓国，人人皆教养于公产而不恃私产，人人即多私产，亦当分之于公产焉，则人无所用其私，何必为权术诈谋以害信义，更何肯为盗寇乱贼以损身名！非徒无此人，亦复无此思。内外为一，无所防虞，故外户不闭，不知兵革。此大同之道，太平之世行之，惟人人皆公，人人皆平，故能与人大同也。”[③]这在毛泽东追求大同社会志向的形成中也起了积极的作用，他后来曾用“大同”来表述共产主义的社会理想。毛泽东在《论人民民主专政》

---

① 汤一介主编，深圳大学国学研究所编：《中国文化与中国哲学》（1987年卷），生活·读书·新知三联书店1988年版，第472页。

② 中国科学院哲学研究所中国哲学史组编：《中国大同思想资料》，中华书局1959年版，第1页。

③ 中国科学院哲学研究所中国哲学史组编：《中国大同思想资料》，中华书局1959年版，第61—62页。

一文中指出："资产阶级的民主主义让位给工人阶级领导的人民民主主义，资产阶级共和国让位给人民共和国。这样就造成了一种可能性：经过人民共和国到达社会主义和共产主义，到达阶级的消灭和世界的大同。康有为写了《大同书》，他没有也不可能找到一条到达大同的路"，"唯一的路是经过工人阶级领导的人民共和国"。[①]毛泽东的这一思想为社会主义国家的发展指明了方向。

（三）马克思主义与中华传统文化的差异性及亲和性

在几百年的西学东渐史中，不乏外来的思想文化，但独独马克思主义的传入在较短时间内便获得了更大的认可，并在中国大地上得以成功实践，引导处于水深火热中的人民走向美好的生活。正如前文所言，选择马克思主义的历史契机是经历了对中国已有政治体制与西方文明的双重失望之后的第三种选择。马克思曾指出，"人们自己创造自己的历史，但是他们并不是随心所欲地创造，并不是在他们自己选定的条件下创造，而是在直接碰到的、既定的、从过去承继下来的条件下创造"[②]。马克思主义能与中国传统文化相通，更重要的原因在于二者文化之间的亲和性。何中华曾指出马克思主义与儒学得以会通，在文化条件上得益于欧陆哲学与中国思想之间的亲和性，其中英美思想早些传入中国却无法扎根中国，而欧陆思想

① 毛泽东：《毛泽东选集》第4卷，人民出版社1991年版，第1471页。

② 马克思、恩格斯：《马克思恩格斯文集》第2卷，人民出版社2009年版，第470—471页。

却更容易渗入我们中国的话语体系之中并产生一定的影响。外来文化在本土得以顺利传播的前提是两种文化之间存在结合点，只有这样，外来文化才能得到本土的认同。①

值得一说的是，我们需要清醒地认识到，尽管马克思主义与中华传统文化有着亲和性，如常被人津津乐道的郭沫若《马克思进文庙》中，采用马克思的口吻说道："我不想在两千年前，在远远的东方，已经有了你（注：孔子）这样的一个老同志！"最为典型的是两者在构建理想社会上具有相似性，这也成为社会主义在中国传播的重要文化基础，但两者同时表现出极大的不同。《礼记·礼运·大同篇》中详细地描述了理想中的未来社会："大道之行也，天下为公，选贤举能，讲信修睦。故人不独亲其亲，不独子其子。使老有所终，壮有所用，幼有所长，矜寡孤独废疾者，皆有所养。男有分，女有归，货恶其弃于地也，不必藏于己；力恶其不出于身也，不必为己。是故谋闭而不兴，盗窃乱贼而不作。故外户而不闭，是谓大同。今大道既隐，天下为家，各亲其亲，各子其子，货力为己。"马克思所说的共产主义社会是人人平等的社会，是人人各尽所能、各取所需的社会，是"扬弃了人的自我异化的基础上的人与自然界、人与人之间矛盾的真正解决，是实现了人的自由全面发展的一种社会形态"②。表面上看，两者追求的最终都是"公"的状态，然而两者有

① 何中华：《马克思主义与儒学的会通何以可能》，载于《文史哲》2018年第2期。

② 陈方刘：《马克思主义与中国传统文化相结合研究》，上海人民出版社2014年版，第32页。

着本质上的区别。郭沫若也在马克思和孔子的“对话”中清楚地指出了这个区别。当孔子了解马克思的理想社会后拍手叫绝起来，称赞马克思的理想社会和他的大同世界不谋而合，都是“不患寡而患不均，不患贫而患不安”；而马克思指出了二者的不同：“你和我的见解终竟是两样，我是患寡且患不均，患贫且患不安的。你要晓得，寡了便均不起来，贫了便是不安的根本。所以我对于私产的集中虽是反对，对于产业的增殖却不惟不敢反对，而且还极力提倡。所以我们一方面用莫大的力量去剥夺私人的财产，而同时也要以莫大的力量来增殖社会的产业。要产业增进了，大家有共享的可能，然后大家才能安心一意地平等无私地发展自己的本能和个性。这力量的原动力不消说是赞成废除私产的人们，也可以说是无产的人们；而这力量的形式起初是以国家为单位，进而至于国际。这样进行下去，大家于物质上精神上，均能充分地满足各自的要求，人类的生存然后才能得到最高的幸福。所以我的理想是有一定的步骤，有坚确的实证的呢。”[①]对社会主义的基础，梁启超在《欧游心影录·社会主义商榷》中进行了更为详细的阐述，他指出欧洲的社会主义是由工业革命孕育而来的，社会主义是对工业组织畸形发展的纠正。而在中国，没有工业基础，“纠正”便无从说起，将社会主义悉数运用只会是“搔不着痒处”[②]。“公”的含义在中国社会和西方社会都有着不

① 郭沫若:《马克思进文庙》,《郭沫若全集》文学编第10卷，人民文学出版社1985年版，第161—168页。

② 梁启超:《欧游心影录》，商务印书馆2014年版，第45页。

同的文化基础。在中国传统社会中，封建统治者的利益是“公”的最高体现，这个“公”承认了“私”的正当性，因为“理想的‘公’就是全天下人的‘私’都能实现的社会境界”[①]。学者陈弱水将中国传统社会的‘公’概括出了“政府、朝廷或政府事务”“普遍、全体”“善或者世界的根本原理”“承认私的正当性”以及“共同、共有、众人”等五方面的内涵。中国社会追求的天下为公就是在这样的社会基础上形成的。与此不同的是，在西方，共产主义等理想社会的追求恰恰是在公私对立中形成的。

面对马克思主义与中华传统文化，我们应当辩证地看待，既看到两者的一致性，又应看到差异性，应科学理性地对待外来文化，进行合理的运用。毛泽东曾指出对待外来文化的态度：“继承中国过去的思想和接受外来思想，并不意味着无条件地照搬，而必须根据具体条件加以采用，使之适合中国的实际。我们的态度是批判地接受我们自己的历史遗产和外国的思想。我们既反对盲目接受任何思想也反对盲目抵制任何思想。”[②]

就亲和性方面，具体来说表现在以下三个方面：

其一，这种亲和性首先表现在处理人与世界的关系方面，两者都尊重自然规律，顺应自然规律。中华传统文化中倡导天人合一的理念，一方面表现为人对大自然的顺应，强调人与自然的整体性。“天

① 董四代：《传统理想与中国特色社会主义文化资源》，中央编译出版社2011年版，第184页。

② 毛泽东：《毛泽东文集》第3卷，人民出版社1996年版，第192页。

地与我并生，而万物与我为一。”（《庄子·齐物论》）天人合一的理念除了要求人的行为活动要顺应自然规律“不违农时，谷不可胜食也”（《孟子·梁惠王上》，荀子阐释得更为详细：“春耕、夏耘、秋收、冬藏，四者不失时，故五谷不绝。”（《荀子·王制》）《易经》中也表达了类似的观点，“财成天地之道，辅相天地之宜”（《上经》）；“范围天地之化而不过，曲成万物而不遗”（《系辞·上传》）。另一方面要求人的品性也需遵循天道。君子与小人之别就在于对天命所采取的不同态度：“君子有三畏：畏天命，畏大人，畏圣人之言。”（《论语·季氏》）“天行健，君子以自强不息”更是从古至今众多文人志士的不渝追求。马克思主义中蕴含着鲜明的人与自然合一的整体性观念。恩格斯认为人是自然界的产物，存在于自然环境之中并与之一同发展。自然界对人类而言，人无法离开自然界而存在，自然界更是“人的精神的无机界”。人类与自然之间是一体的，这就要求人类善待自然，以人与自然关系的整体性思维方式，将人与自然作为一个整体进行考虑，追求人与自然的和谐统一。天人合一将天地万物与人类共同纳入一个体系之中，人从伦理道德的角度出发去看待天地万物，与天地万物进行沟通。马克思主义则是从科学的角度，以自然的发展规律为依据，指导人类正确地处理人与自然的关系。

其二，在人与人之间的社会关系方面，二者均倡导尊重人的主体地位，重视和谐社会关系的建构。中国传统文化中倡导平等地、整体地看待人与他者的关系。人生来就具备一种社会责任和义务。墨子提到“视人之家若视其家，视人之身若视其身”“兼相爱，交相利”（《墨子·兼爱中》）。不过最为典型的还是张载基于天下一家的大同思想所阐发的有关敬老、慈幼、扶困、济穷的观点。“乾称父，坤称母，予兹藐焉，乃混然中处。故天地之塞，吾其体；天地之帅，吾其性。民，吾同胞；物，吾与也。大君者，吾父母宗子。其大臣，宗子之家相也。尊高年，所以长其长；慈孤弱，所以幼其幼。圣，其合德；贤，其秀也。凡天下疲癃残疾、茕独鳏寡，皆吾兄弟之颠连而无告者也。于时保之，子之翼也。乐且不忧，纯乎孝者也。”[①] 人类都是天地所生的同胞，世间的万物都是人类的朋友。天地万物是生死与共的，人类有责任去爱护和关心其他人。国家之间则要“协和万邦”，将他人的国家视为自己的国家。其中墨子提到的“强者不劫弱，贵者不傲贱”与初期传入中国的互助论尤其相似。马克思主义的相关理论肯定了人的社会性，认为人是“一切社会关系的总和”[②]。马克思主义通过唯物辩证法来分析和把握人与社会的矛盾关系。同时，马克思主义强调，人只有在共同体中才能获得全面发展的手段，才能最终得以获得解放。共同体为每个人的发展提供平等机会，每个人都得以实现自由全面的发展。这种共同体的理念是从国际范围探讨整个人类的发展，在现在看来，中华传统文化中“天下一家”的世界观存在时代的局限性，但是在特定的历史条件下，“天下一家”就是立足于整个宇宙和整个人类的世界观，并在此基础

① 曾国藩：《经史百家杂钞》上册，岳麓书社2015年版，第78页。

② 马克思、恩格斯：《马克思恩格斯选集》第1卷，人民出版社1995年版，第189页。

上描绘了众多理想社会。

其三，中华传统文化和马克思主义都侧重从日常生活中探寻真理，最终谋求解决日常生活基本矛盾的现实方法。中国主流文化是主张“入世”的，更强调经世致用的实用性，也就是提倡将学问研究与社会现实问题联系起来，获得相关解决方法。众多先贤的哲思最终都是服务于政治统治或者拯救苍生的。孔子周游列国就是通过传播自己的思想，以求获得君王认可，将自己的思想理论转化为现实社会的实践行动指南，用来指导现实生活。古代文人学习知识参加科举最终也是为了能够学而优则仕，运用自己的所学服务于社会。中华传统文化中重视应用重视实践是其一大特点。知识分子们选择马克思主义时恰恰亟须一种新的合适的理论来指导人们实践，马克思主义所具备的较强指导性，也彰显了其理论的优势与吸引力。马克思主义从诞生之日起就建立在实践的基础之上。马克思主义既批判继承了西方资产阶级革命以来的先进思想文化成果，又科学地总结了全世界无产阶级斗争的实践经验，不断地经由实践检验、补充与发展，具有极大的实践指导意义。马克思明确提出，要把实践作为马克思主义哲学的基础。毛泽东曾经强调掌握和诠释马克思主义理论的最好方式应当是应用到实际工作中去，“不应当把马克思主义的理论当成死的教条。对于马克思主义的理论，要能够精通它、应用它，精通的目的全在于应用”[①]。

① 毛泽东:《毛泽东选集》第3卷，人民出版社1991年版，第815页。

二、中国共产党领导下的公道追求

延安五老之一的林伯渠曾言："辛亥革命前觉得只要把帝制推翻便可以天下太平，革命以后经过多少挫折，自己所追求的民主还是那样的遥远，于是慢慢地从痛苦经验中，发现了此路不通，终于走上了共产主义的道路。这不仅是一个人的经验，在革命队伍里是不缺少这样的人的。"[①]革命的先驱者认识到十月革命的伟大价值，"起而仿效"，开天辟地，创立中国共产党，树立了追梦之路的新路标。

（一）建构更高境界的公道理想

1921年3月，革命先驱李大钊提出创建工人阶级政党的必要性与紧迫性："中国现在既无一个真能表现民众势力的团体，C派（指共产主义派——引者注）的朋友若能成立一个强固的精密的组织，并注意促进其分子之团体的训练，那么中国彻底的大改革，或者有所附托！"[②]四个月后，在前期全国各地成立共产主义小组的基础上，中国共产党第一次代表大会在上海举行。中国共产党在成立之初，便将自身设定为非常严密的组织，自觉区别于此前松散的知识分子的同仁学会、协会，因而在成立之时，便注意到要保证党的先进性、

① 林伯渠：《荏苒三十年》，载于《解放日报》1941年10月10日。

② 李大钊：《李大钊全集》第3卷，河北教育出版社1999年版，第616页。

纯粹性，“决定接受党员要特别谨慎，严格审查”，申请入党的人，不得具有非共产主义的思想倾向，在加入党组织之前，“必须断绝同反对我党纲领之任何党派的关系”①。

“中国共产党的成立，给灾难深重的中国人民带来了光明和希望。它象（像）光芒四射的灯塔，指明了中国人民的斗争道路。中国革命要取得胜利，首先需要有一个工人阶级的革命政党。自从有了中国共产党，中国革命的面目就为之一新。”②中国共产党成立，为公道追求树立了“人类解放”的新的标杆。中共一大闭幕时，大会代表在闭会时高呼：“共产党万岁、第三国际万岁、共产主义——人类的解放者万岁！”③。一个政党的正式纲领，“是一面公开树立起来的旗帜，而外界就是根据它来判断这个党”④。马克思、恩格斯在《共产党宣言》中写道：“共产党人可以把自己的理论概括为一句话：消灭私有制。”⑤作为世界上第一个国际性的无产阶级政党的纲领，《共产党宣言》是中国共产党纲领的根基。中共一大确立了党的纲领。从历史发展进程来看，这一纲领尚存在许多不成熟之处，如未对最低纲领与最高纲领加以区分，但其中消灭私有制的核心明确

---

① 中共中央党史研究室著，胡绳主编：《中国共产党的七十年》，中共党史出版社1991年版，第27页。

② 中共中央党史研究室著，胡绳主编：《中国共产党的七十年》，中共党史出版社1991年版，第30页。

③ 译自中共驻共产国际代表团档案的俄文稿《中国共产党第一次代表大会》。

④ 马克思、恩格斯：《马克思恩格斯选集》第3卷，人民出版社1995年版，第325—326页。

⑤ 马克思、恩格斯：《马克思恩格斯选集》第1卷，人民出版社1995年版，第286页。

而坚定，具体体现在以下几个方面：“革命军队必须与无产阶级一起推翻资本家阶级的政权，必须援助工人阶级，直到社会阶级区分消除的时候”；“直至阶级斗争结束为止，即直到社会的阶级区分消灭为止，承认无产阶级专政”，“消灭资本家私有制，没收机器、土地、厂房和半成品等生产资料”，等等。《中国共产党第二次全国代表大会宣言》将此理想阐发得更加明确，要“渐次达到一个共产主义的社会”。中国共产党的纲领与同盟会的纲领，即孙中山所提出的三民主义有相同之处，也存在极为明显的差异。毛泽东在《新民主主义论》中，专门论述了共产主义与三民主义的同与不同，认为三民主义与共产主义在中国民主革命阶段的纲领“基本上是相同的”，这是指都以建立民主共和国为核心，但两者也存在明显的不同：“共产主义的全部民主革命政纲中有彻底实现人民权力、八小时工作制和彻底的土地革命纲领，三民主义则没有这些部分。”①

共产主义社会是人类历史上最理想、最美好的社会制度，它要求“物质财富极大丰富，人们精神境界极大提高，每个人自由而全面发展”，这与中国传统上的大同社会在理想性上是相通的。中国共产党成立后，中国革命融入了世界无产阶级革命，也标志着中国文化的公道追求有了更为高远、宏阔的目标。毛泽东在《新民主主义论》中曾引用斯大林在1918年所作十月革命一周年纪念的论文中的一段话：“十月革命的伟大的世界意义，主要的是：第一，它扩大了

① 毛泽东：《毛泽东选集》第2卷，人民出版社1991年版，第688页。

民族问题的范围，把它从欧洲反对民族压迫的斗争的局部问题，变为各被压迫民族、各殖民地及半殖民地从帝国主义之下解放出来的总问题；第二，它给这一解放开辟了广大的可能性和现实的道路，这就大大地促进了西方和东方的被压迫民族的解放事业，把他们吸引到胜利的反帝国主义斗争的巨流中去；第三，它从而在社会主义的西方和被奴役的东方之间架起了一道桥梁，建立了一条从西方无产者经过俄国革命到东方被压迫民族的新的反对世界帝国主义的革命战线。”[①]十月革命后，马克思主义传入中国，经过酝酿、探索，中国共产党成立，中国革命融入世界革命之中，成为世界性的反帝反封建斗争的一个组成部分，甚至越来越发挥重要的作用。自此，中国革命在中国共产党领导下，追求民族的完全独立，追求人民的全面解放，进入了更高的进境。

（二）建设人民当家作主的新中国

“没有共产党，就没有新中国。”自1840年鸦片战争爆发至1921年中国共产党成立，再到1949年，中国始终面临着三种建国道路。一种是继续走半殖民地半封建社会的道路，这是北洋军阀、后来的国民党统治集团所主张的，这条道路被中国人民所抛弃。二是建立资产阶级共和国，走发展资本主义的道路，这是某些中间人士所主张的，这条道路被历史证明走不通——国内的封建势力、国外的帝

① 毛泽东：《毛泽东选集》第2卷，人民出版社1991年版，第669页。

国主义势力都不允许有一个民主的共和国成立。三是建立人民共和国，这是中国共产党所坚持的，并最终走向了成功。中国共产党所坚持的道路，经历艰难曲折，是马克思列宁主义基本原理与中国革命实践相结合的产物。毛泽东总结革命胜利的原因时，提到三大法宝，即“一个有纪律的，有马克思列宁主义的理论武装的，采取自我批评方法的，联系人民群众的党。一个由这样的党领导的军队。一个由这样的党领导的各革命阶级各革命派别的统一战线”[①]。从这三大法宝看，中国新民主主义道路的胜利正如毛泽东所说，“这是人民的胜利”。

1949年6月30日，新中国成立在即。毛泽东发表《论人民民主专政》这篇重要文章，总结新民主主义革命的历程，文章指出：历史的经验表明，资产阶级共和国的方案在中国是行不通的，“总结我们的经验，集中到一点，就是工人阶级（经过共产党）领导的以工农联盟为基础的人民民主专政”，“我们要经过人民共和国，由农业国进到工业国，由新民主主义社会进到社会主义社会和共产主义社会”。文章强调，工人阶级是人民民主专政的领导阶级，因为只有工人阶级最有远见，大公无私，最富于革命的彻底性；人民民主专政的基础广泛，是工人阶级、农民和城市小资产阶级的联盟。概括地讲，人民民主专政是最大公无私的工人阶级所领导的，由最广泛人民组成的，中国历史上从未有过的最具有天下为公特色的政体。

---

① 毛泽东：《毛泽东选集》第4卷，人民出版社1991年版，第1480页。

中国共产党在长期的摸索中，形成了实现这一目标的两步走路径，“第一步是新民主主义，第二步才是社会主义”。“中国现时的革命阶段，是为了终结殖民地、半殖民地、半封建社会和建立社会主义社会之间的一个过渡的阶段，是一个新民主主义的革命过程。这个过程是从第一次世界大战和俄国十月革命之后才发生的，在中国则是从一九一九年五四运动开始的。”[①]俄国十月革命，促进了中国由旧民主主义革命向新民主主义革命的转变。新民主主义革命阶段，是中国特殊背景下的特殊阶段。这一革命与资产阶级所领导的民主主义革命不同，革命的对象是帝国主义、封建主义和官僚资产阶级，革命所依靠的力量是无产阶级、农民、知识分子、小资产阶级，革命的目标则是建立新民主主义共和国。这可以看作建立无产阶级专政的人民共和国的过渡。毛泽东的设计，结合了中国的特色，也从小康社会与大同社会阶段划分中汲取了智慧。

如何完成反帝、反封建的任务，推动新民主主义革命走向胜利？中国共产党一直把建设有最广泛同盟军参加的民主联合政府作为自己的重要任务。井冈山革命根据地创建之后，1927年至1928年，在茶陵县成立了工农兵政府，在宁冈县茅坪成立了湘赣边界工农兵苏维埃政府。在湘赣边界，县级的工农兵苏维埃政府，最多时达到六个。这时的政府，是工农兵的联合。抗战时期，联合政府“联合”的内容更加广泛。1937年，毛泽东在《中国共产党在抗日时期的任

---

① 毛泽东：《毛泽东选集》第2卷，人民出版社1991年版，第647页。

务》的报告中提到，放弃“工农民主共和国”的口号，建立新的民主共和国。1939年1月中旬至2月初，在延安召开陕甘宁边区首届参议会，通过了《陕甘宁边区抗战时期施政纲领》，选出了边区政府委员，由林伯渠任主席。抗日统一战线性质的政权，在坚持共产党领导的前提下，广泛实行民主，在政府工作人员中实行“三三制”原则，即共产党员、非党左派进步分子、中间派各占三分之一，强调党员必须重视与党外人士的合作，倾听他们的意见。基层政权实行直选，打牢了群众基础。毛泽东所作的中共七大政治报告题为《论联合政府》，提出“中国急需把各党各派和无党无派的代表人物团结在一起，成立民主的临时的联合政府”，在抗战胜利后，“在广泛的民主基础之上，召开国民代表大会，成立包括更广大范围的各党各派和无党无派代表人物在内的同样是联合性质的民主的正式的政府，领导解放后的全国人民，将中国建设成为一个独立、自由、民主、统一和富强的新国家”。[①]1944年9月15日，林伯渠根据中共中央指示，在国民参政会上正式提出建立民主联合政府的主张。林伯渠指出：“希望国民党立即结束一党统治的局面，由国民政府召集各党各派、各抗日部队、各地方政府、各人民团体的代表召开国是会议，组织各抗日党派联合政府，一新天下耳目，振奋全国人心，鼓舞前方士气以加强全国团结，集中全国人才，集中全国力量，这样一定

---

① 毛泽东：《毛泽东选集》第3卷，人民出版社1991年版，第1029—1030页。

能够准备配合盟军反攻，将日寇打垮。”[1]中共七大再次提出“废止国民党一党专政，建立民主的联合政府”。1948年4月30日，中共中央发布五一口号，号召召开新的政治协商会议，筹备建立民主联合政府。1949年6月，在北平召开新政治协商会议筹备会第一次全体会议。1949年6月30日，毛泽东发表《论人民民主专政》。1949年9月29日，中国人民政治协商会议第一届全体会议通过《中国人民政治协商会议共同纲领》，规定“实行工人阶级领导的、以工农联盟为基础的、团结各民主阶级和国内各民族的人民民主专政”。

新民主主义革命阶段，中国共产党为争取最广泛的民主做了最坚决的努力，面对国民党统治集团的重重阻挠，甚至有时要做最大程度的让步。这一坚定的态度，基于对反帝反封建任务的艰巨性的认识。反帝反封建这一口号在大革命时期成为广大人民的共同呼声。中国共产党二大宣言发表后，胡适在《努力》周报上发文，嘲笑中国共产党提出的封建军阀背后站着帝国主义这个科学论断“很像乡下人谈海外奇闻”，认为当前的主要问题是政治走上轨道，也就是他所鼓吹的由“好人”组成“好人政府”，“不必在这个时候牵涉什么国际帝国主义的问题”。历史证明，应该受到嘲笑的，恰恰是胡适。正是反帝反封建纲领的提出，使当时中国社会发展的大道有了更高的境界，走上了光明之路。

① 此文原载于《新华日报》1944年9月17日。

（三）组建一个大的群众党

“群众”，在中国共产党的纲领中是个高频词。广泛地发动群众，重视人民推进历史的力量，是中国共产党一贯的主张。同盟会只是联络会党、新军开展活动，没有同农民、工人相结合。中国共产党在建党之初，明确提出反帝反封建的任务，确立了革命的依靠力量是最广大的人民，尤其是工人，工人阶级的特点是最“大公无私”的。党的二大明确提出：“我们共产党，不是‘知识者所组织的马克思学会’，也不是‘少数共产主义者离开群众之空想的革命团体’。”“我们既然是为无产群众奋斗的政党，我们便要‘到群众中去’，要组成一个大的‘群众党’。”这个党不仅内部必须有适应于革命的组织与训练，而且“党的一切运动都必须深入到广大的群众里面去”，都“必须是不离开群众的”。党的群众路线的威力，贯穿在新民主主义革命的进程中，也贯穿在中国共产党的发展历程之中。

孙中山在遗嘱中写道：“余致力国民革命凡四十年，其目的在求中国之自由平等。积四十年之经验，深知欲达到此目的，必须唤起民众及联合世界上以平等待我之民族，共同奋斗。”唤起民众，是其念念不忘的。依不依靠民众，是不是将人民作为社会发展的根本动力，与一个政党的指导思想、纲领、信仰直接相关。北伐战争初期取得的节节胜利，离不开共产党人对群众的发动。开辟井冈山革命根据地之时，毛泽东便提出，工农革命军要担负三项重大任务，做群众工作是其中之一，与打仗消灭敌人、打土豪筹款子一样重要。

四一二政变后，鲍罗廷与陈独秀等人坚持“西北学说”，主张北伐讨奉，最后对党的发展造成重大损失，其原因正在于没有把革命的希望寄托在发动工农群众上。创立井冈山革命根据地，毛泽东提出三大纪律、六项注意，后来演变成三大纪律、八项注意，这是走群众路线的集中体现。在部队中实行民主，在当时也取得了巨大的成果。毛泽东在给中共中央的报告中写道：“红军的物质生活如此菲薄，战斗如此频繁，仍能维持不敝，除党的作用外，就是靠实行军队内的民主主义。官长不打士兵，官兵待遇平等，士兵有开会说话的自由，废除烦琐的礼节，经济公开。士兵管理伙食，仍能从每日五分的油盐柴菜钱中节余一点作零用，名曰‘伙食尾子’，每人每日约得六七十文。这些办法，士兵很满意。尤其是新来的俘虏兵，他们感觉国民党军队和我们军队是两个世界。他们虽然感觉红军的物质生活不如白军，但是精神得到了解放。同样一个兵，昨天在敌军不勇敢，今天在红军很勇敢，就是民主主义的影响。”

坚持群众路线、民主主义，要反对个人主义、宗派主义。毛泽东在《整顿党的作风》中，首先尖锐地批评了“闹独立性”的问题，因为它对革命造成的危害最大。毛泽东说：“一部分同志，只看见局部利益，不看见全体利益，他们总是不适当地特别强调他们自己所管的局部工作，总希望使全体利益去服从他们的局部利益。”他又说：“要提倡顾全大局。每一个党员，每一种局部工作，每一项言论或行动，都必须以全党利益为出发点，绝对不许可违反这个原则。”他进一步指出：“闹这类独立性的人，常常跟他们的个人第一主义分不开。”这种人在口头上虽然也说尊重党，但在实际上却把个人放在第一位。“在他们掌管一部分事业的时候，就要闹独立性。为了这些，就要拉拢一些人，排挤一些人，在同志中吹吹拍拍，拉拉扯扯，把资产阶级政党的庸俗作风也搬进共产党里来了。这种人的吃亏在于不老实。”[①]毛泽东在《在陕甘宁边区参议会的演说》中继续强调：“共产党员必须倾听党外人士的意见，给别人以说话的机会。别人说得对的，我们应该欢迎，并要跟别人的长处学习；别人说得不对，也应该让别人说完，然后慢慢加以解释。共产党员决不可自以为是，盛气凌人，以为自己是什么都好，别人是什么都不好；决不可把自己关在小房子里，自吹自擂，称王称霸。”他还指出：“国事是国家的公事，不是一党一派的私事。因此，共产党员只有对党外人士实行民主合作的义务，而无排斥别人、垄断一切的权利。共产党是为民族、为人民谋利益的政党，它本身决无私利可图。它应该受人民的监督，而决不应该违背人民的意旨。它的党员应该站在民众之中，而决不应该站在民众之上。”[②]中共七大，强调群众路线是党的根本政治路线和组织路线，党员必须全心全意为人民服务，反对脱离群众的命令主义、官僚主义和军阀主义的错误倾向。

1931年，在邓演达被蒋介石杀害后，宋庆龄悲愤地说：“当作一个政治力量来说，国民党已经不复存在了”，“我坚决地相信：只

① 毛泽东：《毛泽东选集》第3卷，人民出版社1991年版，第821—822页。

② 毛泽东：《毛泽东选集》第3卷，人民出版社1991年版，第809页。

有以群众为基础并为群众服务的革命，才能粉碎军阀、政客的权力，才能摆脱帝国主义的枷锁，才能真正实行社会主义”。[①]以人民为革命的动力，谋人民的福利，求人民的解放，这正是中国共产党领导新民主主义革命走向胜利的根本原因所在。

（四）真正实现“耕者有其田”

“土，吐含万物。”（《白虎通·五行》）马克思指出：“土地是一切生产和一切存在的源泉。”[②]中国是一个农业大国，特有的自然地理条件，以及在此基础上形成的特殊的历史积累，使得土地在中华传统文化中占据极为重要的位置。在漫长的封建社会中，土地一直为少数地主所占有，农民对土地的渴望成为强烈而无奈的心结，也成为他们揭竿而起的重要动力。北宋时代王小波、李顺提出“均贫富”，明末农民起义领袖李自成提出“均田免粮”，直至太平天国制定《天朝田亩制度》，“凡分田，照人口”，“凡天下田，天下人同耕”，平均思想更加明确。中国资产阶级革命派在土地上也提出了自己的主张，1903年，孙中山为东京青山军事训练班确立的誓词为：“驱除鞑虏，恢复中华，创立民国，平均地权”，此后又多次强调“平均地权”，逐渐形成了三民主义理论体系中的民生主义。1906年，孙中山在《军政府宣言》中进行了详细的论述：“文明之福祉，

① 宋庆龄：《国民党已不再是一个政治力量》，《为新中国奋斗》，人民出版社1952年版，第25、27页。

② 马克思、恩格斯：《马克思恩格斯全集》第46卷，人民出版社1979年版，第44页。

国民平等以享之。当改良社会经济组织，核定地价。其现有之地价，仍属原主所有；其革命后社会改良进步之增价，则归于国家，为国民所共享。”

在新民主主义革命中，解决农民的土地问题是核心的问题之一。1926年，毛泽东强调：“农民问题乃国民革命的中心问题，农民不起来参加并拥护国民革命，国民革命不会成功。”[①]土地问题，又是农民问题的中心。“不改变地主的土地所有制，便没有彻底的反封建可言。在中国，不存在单纯代表农民的政党，而民族资产阶级、小资产阶级的政党和代表人物，或者根本不关心农民的土地问题，或者只是说了一些空话。只有中国共产党最坚决地领导广大贫苦农民，向统治了中国社会几千年的封建制度猛烈开火。”[②]李大钊认为：“中国今日的土地问题，实远承累代历史上农民革命运动的轨辙，近循太平、辛亥诸革命进行未已的途程，而有待于中国现代广大的工农阶级依革命力量以为之完成。”[③]

中国共产党的土地革命，与农民起义军、资产阶级的土地改革有着重大的区别，在“公”的道路上进行了整体性的革命与提升。自1921年到新中国成立，中国共产党制定了一系列土地政策。1925年，在中共四大上提出“耕地农有”是解除农民痛苦的根本办法；1928

---

① 毛泽东：《民国革命与农民运动》，选自中共中央文献研究室、新华通讯社编：《毛泽东新闻作品集》，新华出版社2014年版，第109页。

② 中共中央党史研究室著，胡绳主编：《中国共产党的七十年》，中共党史出版社1991年版，第113页。

③ 李大钊：《李大钊文集》第5卷，人民出版社1999年版，第69页。

年12月，中国共产党制定了《井冈山土地法》，规定没收一切土地归苏维埃政府，分配给农民耕种或由苏维埃组织模范农场耕种；抗日战争时期，从建立抗日民族统一战线的需要出发，变没收地主土地的政策为减租减息；解放战争时期，在解放区广泛开展土地改革，1947年通过了《中国土地法大纲》，明确提出："废除封建性及半封建性剥削的土地制度，实行耕者有其田的土地制度。"国民党为改变土地高度集中的状况，也进行了一系列土地改革，同样提出要实现"耕者有其田"，但土地权依然是少数地主的土地所有权。中国共产党代表了广大人民的根本利益，"'耕者有其田'的实现方式是没收乡村中一切地主的土地及公地，连同乡村中的其他一切土地，按乡村全部人口平均分配，农民分得土地后即获得土地所有权，可以继承、出租和买卖，实行的是具有充分所有权的农有农用的土地制度"[①]，这就彻底埋葬了中国持续几千年的封建土地制度，农民翻身成了土地的主人。

（五）建立抗日民族统一战线熔铸中华民族统一体

恩格斯曾言："没有哪一次巨大的历史灾难不是以历史的进步为补偿的。"日军侵华是中华民族的一场劫难，在这一空前的磨难中，中华民族的观念也得到了提升。1945年，毛泽东在中共七大政治报

① 廖光珍：《民主革命时期国共两党土地政策的比较》，载于《贵州师范大学学报》2004年第4期。

告中指出："中国的长期战争，使中国人民付出了并且还将再付出重大的牺牲；但是同时，正是这个战争，锻炼了中国人民。这个战争促进中国人民的觉悟和团结的程度，是近百年来中国人民的一切伟大的斗争没有一次比得上的。"①

在长期的历史发展中，中国各民族通过经济、文化的交流，形成了多元一体的格局。近代以来，中国人民在共同反抗侵略的过程中，日渐巩固了中华民族的概念。在中国近代史上，日本军国主义对中国的侵略格外突出。甲午中日海战的失败，对中国先进知识分子产生巨大的震动，"中华民族"这个名称即梁启超流亡日本时提出来的。自1931年九一八事变起，日本对中国的侵略日渐加剧，"中华民族到了最危险的时候"，以1937年七七事变为标志，中国开始了全民族的抗战。面对民族危亡，中国人实现了空前团结，"国家""民族"的观念深入人心。1941年，邹韬奋写道："自从全面抗战发动以来，全国的许多同胞受到日本帝国主义者的摧残蹂躏、奸淫残杀。在这极惨酷的苦痛中使每一个中国人（汉奸当然除外）虽不出国门一步，也都深深地感觉到祖国的可宝贵，也都能深深地感觉到争取祖国的独立自由是每一个中国人所不得不负起的重要责任。我们要做一个堂堂正正的人，就不得不爱我们的祖国！"②这是发自肺腑的呼喊。

---

① 毛泽东：《毛泽东选集》第3卷，人民出版社1991年版，第1032页。

② 邹韬奋：《爱我们的祖国》，选自韬奋基金会、上海韬奋纪念馆编：《韬奋全集》（增补本）第10册，上海人民出版社2015年版，第257页。

经过抗日战争，中华民族的民族自觉达到空前的高度，这一结果是中国共产党采取正确的决策、通过不懈的努力取得的。1936年3月4日，毛泽东通过以牧师身份活动的共产党员董健吾，向国民党当局提出五项具体合作要求，首要者即“停止一切内战，全国武装不分红白，一致抗日”。国共两党在中断沟通八年后重新建立了联系。1936年8月25日，中共中央公开发表《中国共产党致中国国民党书》：“我们愿意同你们结成一个坚固的革命的统一战线如像一九二五至二七年第一次中国大革命时两党结成反对民族压迫与封建压迫的伟大的统一战线一样，因为这是今日救亡图存的唯一正确的道路。”“只有国共的重新合作，以及同全国各党各派各界的总合作才能真正的救亡图存。”国民党统治者方面奉行“攘外必先安内”的主张，不断破坏国共合作。1936年冬天，蒋介石调集重兵对陕北革命根据地进行新的“会剿”，甚至在11月22日，在上海逮捕了全国各界救国联合会的领袖。中国共产党顾全大局，和平解决西安事变，迫使蒋介石抗战。蒋介石当面向周恩来表示：“停止剿共，联红抗日。”①1937年5月2日至14日，中共中央在延安召开有苏区、白区和红军代表参加的党的全国代表会议（当时称苏区代表会议）。毛泽东作了《中国共产党在抗日时期的任务》和《为争取千百万群众进入抗日民族统一战线而斗争》两篇报告。前文提出，“国民党抛弃内战、独裁和对外不抵抗政策，共产党抛弃

① 周恩来1936年12月25日致中共中央电《与宋子文宋美龄谈判结果》，《周恩来军事文选》第1卷，人民出版社1997年版，第575页。

两个政权敌对的政策。我们以后者换得前者，重新与国民党合作，为救亡而奋斗”，放弃了“工农民主共和国”的口号，提出要建立新的民主共和国。“中国人民抗日战争的胜利极大地加快了民族独立和人民解放的步伐，指引了实现中华民族伟大复兴的前进方向。近代以来中国人民为民族复兴而奋斗，最重要的社会政治前提，就是实现民族独立和人民解放。中国共产党在抗日战争中自觉地把反对日本帝国主义与反对专制统治结合起来，把积极抗日与推进民主进步运动结合起来，把为中国人民谋民族解放与谋社会解放结合起来。”[①]抗日战争的胜利是人民战争的胜利，人民的力量再一次得到了验证，正如毛泽东在《论持久战》中所强调的“兵民是胜利之本”，“战争的伟力之最深厚的根源，存在于民众之中”。处于半殖民地半封建社会的中国，最终打败帝国主义强国日本，凭借的是人民战争。同时，中国人民所进行的是进步的、正义的战争，是大道之行。国际友人白求恩、柯棣华等人加入这一伟大的战争，体现了正义的力量。王稼祥提到：“抗战的正确道路，归纳一句话，便是全体人民的抗战，全体民众的抗战，而不是只照顾大地主大资产阶级的私利反而违反人民公益的抗战。人民抗战的正确道路要求实行能够真正发动民众结合民众的政策。”[②]

抗日战争的胜利是近代以来中国抗击外敌入侵的第一次完全胜

① 黄一兵：《抗日战争胜利开辟了中华民族伟大复兴的光明前景》，载于《光明日报》2015年6月14日。

② 王稼祥：《中国共产党与中国民族解放的道路——纪念共产党廿二周年与抗战六周年》，载于《解放日报》1943年7月8日。

利。在抗日战争中，中国共产党追求民族独立和人民解放的主张为更多的中国人所了解和认同。著名民主人士李公朴赴晋察冀进行了为期6个多月的考察，1940年写出《华北敌后——晋察冀》一书，开篇便是充满热情的称赞："模范的抗日根据地，模范的抗日民主、抗日民族统一战线的晋察冀边区，象征着中华民族解放的胜利，象征着新中国光辉灿烂的前景。"这也反映了当时中国人民对中国共产党领导的抗日根据地的新认识。习近平在纪念反法西斯战争胜利70周年的讲话中指出："这一伟大胜利，开辟了中华民族伟大复兴的光明前景，开启了古老中国凤凰涅槃、浴火重生的新征程。"[①]"凤凰涅槃""浴火重生"，经过抗日战争的考验，中华民族在新的起点开启了走向民族伟大复兴的征程。

第一次国共合作时期，宋庆龄问孙中山，"为什么需要共产党加入国民党"，孙中山回答："国民党正在堕落在死亡，因此要救活它就需要新血液。"[②]中国共产党的力量何在？刘少奇《论共产党员的修养》中的一段话或许可以作为答案："无产阶级不能只是自己解放自己，它必须争取一切劳动人民的解放，争取自己民族的解放，争取人类的解放，才能实现自己的彻底解放。无产阶级必须使整个社会永远摆脱剥削、压迫和阶级斗争，才能使自己获得真正的最后的解放。因此，无产阶级的坚定立场，必须同关门主义、宗派主义严

---

① 2015年9月3日，习近平在纪念中国人民抗日战争暨世界反法西斯战争胜利70周年大会上的讲话。

② 宋庆龄：《宋庆龄选集》，中华书局1966年版，第109页。

格区别开来。无产阶级和它的政党在进行斗争的时候，必须同广大劳动人民建立密切的联系，同各革命阶级和革命党派建立革命联盟，领导广大劳动群众和一切同盟者同自己一道前进；必须代表广大劳动人民的利益，代表一切革命阶级的利益，代表自己民族的利益，也就是说要代表占本国人口百分之九十几的人民的利益。无产阶级的坚定立场，就是要在任何时候、任何情况下，都代表最大多数人民的最大利益，我们并且要了解这也就是无产阶级的最大的阶级利益。”中国共产党的成立，将共产主义思想融入中国人民天下为公的追求之中，共产主义思想的高远境界，是原来的中华传统文化中所没有的，也因此为中华传统文化的继承创新提供了新的可能。

三、新型社会制度建立，推动公道追求新阶段

1949年10月1日，中华人民共和国开国大典隆重举行，首都三十万群众齐聚天安门广场，目睹了这一盛况。著名文学理论家、诗人胡风激情洋溢地创作了长诗《时间开始了》，以表达一种宏大的幸福感：

> 祖国，我的祖国，今天，在你新生的这神圣的时间，全地球都在向你敬礼，全宇宙都在向你祝贺。

新中国成立，党的历史揭开了新的篇章，中国共产党对公道的追求进入了新的阶段。

（一）让人民翻身作主人

20世纪，中国经历了三次伟大革命，发生了历史性的巨变，其中，中华人民共和国的成立和社会主义制度的建立是在中国共产党领导下的伟大的革命。新中国的成立彻底结束了旧时代，中国实现了民族独立，“中国的事情必须由中国人民自己作主张，自己来处理，不容许任何帝国主义国家再有一丝一毫的干涉”①，人民当家作主，人民成为国家和社会的主人；实现了国家统一，国家结束了四分五裂的状态，成为前所未有的真正统一的整体。全体中国人努力为走上社会主义道路，最终实现国家的繁荣富强和人民的共同富裕而奋斗。毛泽东在中国人民政治协商会议第一届全体会议的开幕式中致辞“我们的民族将再也不是一个被人侮辱的民族了，我们已经站起来了”。这一伟大成就对于中国来说是从古未有的人民革命的胜利，对于世界来说，又是社会主义和民族解放的胜利，壮大了世界和平、民主以及社会主义的力量。

一个国家的体制，直接反映国家的本质和所代表的阶级属性，人民民主专政直接表明了中国共产党是工人阶级领导的、以工农联盟为基础的人民民主专政的社会主义国家，实质上就是无产阶级专政，是人民民主专政理论在中国的具体实践。同时，实行人民代表大会制度、中国共产党领导的多党合作和政治协商制度等方式以保证人民的民主权利。

---

① 毛泽东：《毛泽东选集》第4卷，人民出版社1991年版，第1465页。

人民代表大会制度是中国的根本政治制度，是社会主义民主的根本标志，是公民自由民主权利的保障。人民代表大会制度以民主集中制为原则，具体经过人民选举代表组成各级人民代表大会，以人民代表大会为基础，建立全部国家机构，行使国家权力。刘少奇曾指出，“人民代表大会制度所以能够成为我国适宜的政治制度，就是因为它能够便利人民行使自己的权力，能够便利人民群众经过这样的政治组织参加国家的管理，从而得以充分发挥人民群众的积极性和创造性”[①]。

在全国人民代表大会召开以前，由中国人民政治协商会议的全体会议和地方各界人民代表会议分别代行全国人民代表大会和地方人民代表大会的职权。著名社会学家费孝通教授曾对北平市第一届各界人民代表会议与会代表的广泛性进行了生动形象的描述：“我踏进会场，就看见很多人，穿制服的，穿工装的，穿短衫的，穿旗袍的，穿西服的，穿长袍的，还有戴瓜皮帽的，这许多一望而不同的人物，会在一个会场里讨论问题，在我说是平生第一次。这是什么意思呢？我望着会场前挂着大大的‘代表’二字，不免点起头来。代表性呀！北平住着的就是这许多形形色色的人物。如果全是一个样子的人在那里开会，那还能说是代表会么？”[②]这些穿着迥异的代表们，涵盖了不同

---

① 中共中央文献编辑委员会编：《刘少奇选集》下卷，人民出版社1985年版，第156页。

② 郑文阳：《各界人民代表会议——一段人民当家作主的历史》，来源于中国人大新闻，网址：http://npc.people.com.cn/n/2014/0806/c14576-25415222-2.html。

阶级、不同行业以及不同宗教、不同党派人士，充分体现了代表涵盖层面之广。在北平市第二届各界人民代表会议中，由八十三岁高龄的潘龄皋作为代表致辞。潘龄皋原本是清代的翰林，他从封建君主专制制度下的旧官僚，到不再接受国民党政府授职，到拥护中国共产党的领导，见证了中国的风云变幻。潘龄皋曾在1950年的《人民日报》上发表诗文抒发自己的感慨："中华大国几千年，封建由来帝制专；今朝改变新生面，人民生活乐安然。"①他在致辞中指出："我本来是封建时代的旧官僚，照我的出身，我应该说封建制度好。可是我现在要说新民主好，新民主比封建制度好过千万倍。封建时代老百姓都不能说话，受苦受压迫也不许说话。现在老百姓在新民主主义之下，不仅可以说话，而且说要怎么办，就能怎么办……在这三天大会中，我的感想是我们真正到了大同盛世，我们选举了市长、副市长和市政府委员，我们听到了聂（荣臻）市长的政府工作报告，这个报告是忠实执行上次会议的决议情形，我们讨论了政府的税收提案，也作出了许多发展生产、提高文化的决议。"②他还感慨毛主席对人民生活疾苦的关注，通过一系列的筹划与政策，一般的穷苦百姓也都能买得到粮食和煤炭了。各届人民代表会议是整个社会大变革中富有象征性的缩影，民主成为多数人可以享受的权力，是真正的人民民主。由于各位人民代表都由选举产生，为了保证人民当家作主落实到位，保证普选过程

---

① 彭守明、季章元：《晚清翰林潘龄皋》，载于《文史精华》1996年第9期。

② 郑文阳：《各界人民代表会议——一段人民当家作主的历史》，来源于中国人大新闻，网址：http://npc.people.com.cn/n/2014/0806/c14576-25415222-2.html。

中人民代表的真实性，随着社会环境的逐渐稳定，经济的全面恢复，人民政府开始落实普选办法。1953年，新中国第一部选举法诞生，人民的普遍、平等的选举权和被选举权用法律的形式得以巩固。1954年，第一届全国人民代表大会第一次会议召开，会议通过新中国的第一部宪法。宪法从起草到最终确立历时两年，集中了国内各界专家的力量与智慧，参与讨论者多达1.5亿人。这是中国人首次行使制宪权，这也是本应属于他们的权利。宪法是公民权利在法律上的最高体现。列宁称“宪法是一张写满人民权利的纸”。宪法是国家的根本大法，也是人民权利的保证。在这份“保证书”上也将权力属于人民纳入其中。宪法中明确规定：“中华人民共和国的一切权力属于人民，人民行使权力的机关是全国人民代表大会和地方各级人民代表大会。”“一切国家机关工作人员必须效忠人民民主制度，服从宪法和法律，努力为人民服务。”

在政党制度方面，中国实行的是中国共产党领导的多党合作和政治协商制度，在中国共产党领导下，各政党、人民团体、少数民族以及社会各界的代表，以协商会议的形式，针对国家的大政方针进行民主协商。各民主党派的代表人物参加中央和地方各级人民政权的工作，共同就国家大政方针、经济文化建设等重大问题进行协商讨论。实行多党合作制度，不搞一党制，这对社会主义革命和建设都有积极意义。多党合作制度有利于对处于执政地位的中国共产党进行监督，集思广益，有利于确保中国共产党的正确领导。

新成立的人民政府是真正为人民办实事的政府，过去民主属于少数人的权利，而今多数人都能享受到民主的权力。除了从政治制度方面保证人民政权的巩固，中国共产党领导人民采取了一系列有效的行动来帮助贫苦民众，在多个领域进行了民主改革运动。首先在国营工矿交通企业方面逐步开展。一是清理旧势力残余，将企业中旧的封建把头制度等各种压迫工人的制度揭露出来，清除残留的反革命分子和封建残余势力。二是完善管理制度，建立工厂管理委员会和职工代表会议，积极吸纳工人加入组织，参与工厂的管理工作，提升工人的地位，使其真正成为企业的主人，从而实现企业管理民主化。三是加强工人思想组织教育，引导工人群众开展自我教育，消除旧的行帮、地域歧视等封建思想，促进工人之间团结一致，工人与管理人员协同一致，营造良好的社会主义新型生产关系。其次是对妇女的解放。广大工人农民翻了身，广大的妇女同志也感受到了人民当家作主的切实变化。中国共产党在建党初期，就已经开始探索中国妇女的解放问题。中共四大的妇女运动决议案中明确指出妇女解放运动是民族解放运动的要素，妇女命运与国家民族的命运相联结。中共六大的妇女运动决议案则指出："只有社会主义的胜利能彻底解放妇女，现时中国的民权革命中也只有在无产阶级领导之下彻底地摧毁半封建宗法社会的束缚，能引导妇女群众到解放之道路。"[①]新中国成立

① 《中国共产党第六次全国代表大会妇女运动决议案》，参见中国共产党历次全国代表数据库，网址：http://cpc.people.com.cn/GB/64162/64168/64558/4428429.html。

后，妇女在政治上有了地位。在中国人民政治协商会议第一届全体会议上，其中一位妇女代表的发言可以代表广大妇女的心声："今天我——一个年青的女工，能够站在中国人民政治协商会议的讲台上来说话，这是五千年来中国历史上没有的事，我感到无上光荣！"[①]不仅是政治上的地位，在社会上的地位也逐步得到改善。在中国妇女解放史上的一件大事是1950年中央人民政府颁布了《中华人民共和国婚姻法》(以下简称《婚姻法》)，这是新中国的第一部法律，可见地位之重要。《婚姻法》第一章中明确指出："废除包办强迫、男尊女卑、漠视子女利益的封建主义婚姻制度。实行男女婚姻自由、一夫一妻、男女权利平等、保护妇女和子女合法权益的新民主主义婚姻制度"，"禁止重婚、纳妾。禁止童养媳。禁止干涉寡妇婚姻自由。禁止任何人藉婚姻关系问题索取财物"。《婚姻法》从法律上维护了妇女的权利，尊重妇女，从整体上解放了妇女。同时，旧社会遗留下来的妓院问题也得到整治。前文提到的潘龄皋在国民党政府任上时做过封闭妓院的工作，但是未能成功。后来他在人民代表会议上提出查封妓院的建议，得到了采纳。继北京市的封闭妓院行动之后，全国各地相继开展封闭妓院解放妓女的行动。给被解救的妇女医治疾病，组织她们学习技艺，参加生产工作，同时积极对她们进行思想改造。经过

① 转引自金冲及:《新中国诞生的划时代意义》，载于《光明日报》2009年9月14日，第1版。

一系列改造，大部分人都过上了正常人的生活，“在旧社会绵延几千年的丑恶现象顿时绝迹”[①]。除此之外，严令禁止威胁人民身心健康的吸毒、赌博等活动，对流氓和黑社会等恶势力也进行了有力打击。

（二）彻底消灭封建剥削的土地所有制度

“农民背上两把刀：租米重，利钱高！农民面前三条路：投河、上吊、坐监牢！”这是一首曾在苏南农村普遍流行的歌谣，控诉的是农民在封建土地所有制之下受到的残酷剥削。新中国成立，人民政权得以巩固，土地改革问题成为工作的重中之重。1949年，在老解放区已经废除了封建土地制度，实现了耕者有其田，但在新解放区尚未实行土地改革，还保存着地主土地所有制，因而在某种意义上，继续进行土改工作成为完成新民主主义革命任务的要求。

1950年6月，毛泽东在七届三中全会上作《为争取国家财政经济状况的基本好转而斗争》的报告，针对土地改革运动作出了部署，要求土改工作要有步骤有秩序地进行，同时改变对富农的政策，由征收富农多余土地财产的政策改变为保存富农经济的政策，这样做的目的是早日恢复农村生产，同时有利于孤立地主，保护中农和小土地出租者。1950年6月28日，《中华人民共和国土地改革法》（以

---

① 中共中央党史研究室著，胡绳主编：《中国共产党的七十年》，中共党史出版社1991年版，第331页。

下简称《土地法》）经会议通过，同月30日经中央人民政府公布施行。《土地法》第一章总则中明确了土改的总方向：“废除地主阶级封建剥削的土地所有制，实行农民的土地所有制，借以解放农村生产力，发展农业生产，为新中国的工业化开辟道路。”随后分别就土地的没收和征收、土地的分配、特殊土地问题的处理、土改执行机关和执行方法等问题进行了说明。没收和征收来的土地以及生产资料，除了应收归国家所有以外，统一合理分配给无地少地以及缺少生产资料的贫苦农民所有，封建剥削的土地所有制转变为农民的土地所有制。这次土地改革运动的开展主要是给广大的农民分土地，激发农民的生产积极性，从而促使农民参与到新中国建设当中来，因此对富农经济予以一定的保护。这场中国共产党领导下的土地制度改革，是彻底铲除剥削制度的社会大变革。经过土地改革，“农民是真正站起来。‘地主’两个字已成了农村中骂人的名词。而农民一旦站起来了，就具有高度的主人翁态度”①。

从1950年冬天开始，大规模的土地改革运动在新解放区展开了。一般分发动群众、划分阶级、没收和分配地主土地财产、复查总结和动员生产等几个步骤。从各个区域的整体进度上，主要分以下四个阶段：

首先进行清匪反霸和减租退押运动的土改前期准备阶段。要摧毁地主阶级当权者的反动统治，建立中农和贫雇农的政治优势，使

---

① 林庚：《伟大的土地改革》，载于《人民日报》1951年3月24日。

佃农获得实实在在的经济利益，这有利于提高农民群众彻底废除封建土地的信心和决心，发动起群众的力量，为施行土改做好思想上的准备。

其次是土改的初步开展阶段。通过调查研究了解农村的基本情况，训练干部学习土改政策，规范思想，避免采取过激行为和错误的方法。积极建立农村基层政权和民兵组织，组织土改工作队领导土改运动，进行宣传工作后在部分地区展开典型实验，为全面展开土改工作提供直接经验。在土改进行过程中，政府对富农的态度有一个变化的过程，有许多中农和贫农雇农对此无法理解，怀有排斥情绪。针对这种情况，各分区陆续举办土改培训班，培养土改工作干部，组织干部进行政策学习，学习群众路线的工作作风和工作方法，通过思想教育后再展开土改试点。经过政策上的反复学习以及经验交流和总结后，才开始进行大面积的土改工作。瑞金在进行土改之时，县委就开办了长达40天的土改训练班。训练班的学习内容主要是“毛主席三中全会的报告”“土改法”“算细账”“整顿思想作风”“人民法庭组织细则”“新婚姻法”“政协纲领”“划分阶级”“土地法细则”“新解放区农业税暂行条例”等文件，还教授学员学习相关的丈地方法以便更好地展开工作。①

再次是以划分阶级和分配土地为核心的全面展开阶段。这一阶

① 张宏卿：《乡土意识与国家建构——以新中国成立初期江西瑞金土改为中心的考察》，载于《开放时代》2013年第2期。

段主要是对农民的阶级进行具体划分，阶级成分包括地主、富农、富裕中农、中农、贫农、雇农等，并以此为依据进行没收、分配土地工作。

最后阶段主要是进行工作复查，对向农民反攻倒算的地主进行打击，对错划阶级漏划阶级的现象进行纠正，对土地和财产分配不公的情况进行处理。最后由人民政府颁发土地证。

西北新闻局干部兼摄影记者茹遂初亲历了青海民和县川口区磨沟村土改运动，用影像文字作记录，从中可以窥见当时土改运动的缩影。土改工作队员进村后先是深入群众，通过召开群众大会、走访贫困农民、询问农民生活疾苦等形式，了解农民的具体情况，帮助回族的贫苦农民“算细账，挖穷根”，同时向群众说明来意，介绍相关的土改政策，为土改的进行打下群众基础。在一张照片中，一位农民宣传员正在通过自制的纸话筒向群众广泛宣传土改政策。评定阶级成分要通过剥削量计算出来，再进行自报以及民主评议，最终通过三次放榜才能定案。有的农民遭受了残酷的压迫，但是由于种种原因，部分农民不愿意站出来控诉地主们的残忍行径，这只会帮助地主们逃过应有的惩罚，因此还要展开针对地主的说理斗争以及诉苦大会。贫苦农民需要站出来在大会上公开诉说自己被压迫剥削的经历。茹遂初的多张影像当中记录了当时农民与地主面对面进行说理斗争的情形。需要特别指出的是，为了避免引起混乱局面，在开展说理大会前，土改队的工作人员都提前做了很多群众工作，要求只能进行说理斗争，不能动手。这也保证了整个土改运动的稳定进行。地主们的相关财产被没收后都依次进行了编号登记，需要运往统一的地方进行安置。有的地方将没收的地主财物进行实物展览，还将地主与农民的家进行实物展览对比，以向群众揭露地主的罪恶。参观地主的部分财物后，农民可以选择自己需要的东西，进行自报，经过公议通过后再进行分配。许多贫苦农民都分得了农具或者牲畜。民和县一区二乡在完成土改分配之后，在庆祝土改胜利大会上将已经作废的土改前的土地契约烧毁。有的地方则举行了胜利游行、欢庆活动等纪念土改的完成。①

截止到1953年春天，全国人口一多半的农村完成了土地制度改革。在上文提到的关中地区，在土改之后，大部分的雇农都分到了土地，占人口44.2%的贫雇农占有总耕地数量的34.6%，每人平均占有耕地3亩左右。②

据资料记载，在新中国成立初期的这场大土改中，一共征收没收了大约7亿亩土地，这些土地最终分配给了约3亿无地少地的农民，约60%至70%的农民在经济上受益。③农民翻身得以重见天日，不再为地主劳动，纷纷以更高的热情投入生产建设当中。

在土地改革中，除了还地于农民，让耕者有其田，土改还发挥了一个非常重要的作用，那就是将乡土社会中原存的旧的文化网络

---

① 参见《图集：伟大的使命——建国初期的土改运动》，http://blog.sina.com.cn/s/blog_a091a93f0102xbil.html，2018-04-02。

② 何军：《20世纪50年代初关中农村的土地改革》，载于《中国农史》2006年第2期。

③ 白希：《开国大土改》，中共党史出版社2009年版，第353页。

彻底摧毁，国家权力介入乡村体系。

在以往的乡土社会权力结构中，以宗族制度为基础，政权的控制者基本是地主和乡绅，不民主的暴政专制普遍存在。土地改革中的“斗地主”过程，实质上是瓦解原有的权力系统的过程。根据土改的综合结果来看，土改的政治意义远甚于经济意义。土改后乡村原有的宗族制度无法继续实行下去，阶级观念与农民的生活乃至命运有了最直接的关系。

毛泽东认为，土地问题要尽快解决，要用群众运动与地主决裂的方法。在土改运动的准备阶段，宣传政策、培训干部、发动群众的行动均将党的意识形态和阶级观念贯穿其中。原本农民是分散的个体，新建立起来的乡村干部群体把这些个体重新组织，将其纳入整个国家组织系统中。这些新的精英群体的思想文化基础是建立在党的意识形态和阶级观念之上的，通过具体土改工作的开展又将这种新的思想文化传播出去。在土改前，中共中央广泛发动各民主党派人士、党内干部以及党内外文化工作者参与到土地改革中来。众多高校的师生也广泛响应号召，积极参与土改工作。在工作前的集训学习过程当中，以工人阶级立场开展工作的理念反复被强调。这些思想观念得以从中央传递到农村，传递到基层。国家权力借助土改逐步向农村渗透，新的国家观念、民族观念、民主观念逐步散播至广袤的农村土地上。土改从根本上颠覆了传统的中国农村社会中那种依靠财富、血缘关系建构起来的传统权力结构和统治秩序，“中央政府第一次把数亿农民有效地组织在自己的——而不是借助于农村富裕阶层和宗族势力网络的——权力系统之中”[①]。农民掌握了农村政权，在瓦解地主的武装力量的同时武装了自己，成为农村的主人。

这一次的土地改革运动在我国历史上是规模最大的一次，是中国共产党凭借着土地改革的丰富经验开展的、在历次土地改革运动中进行得最顺利、完成得最好的一次。经过这次土地改革运动，在中华大地上延续了上千年的地主阶级的土地所有制被彻底消灭，封建制度的经济基础被铲除，封建制度下的社会关系被打破，土地改革真正实现了中国农民一直以来的愿望，农民获得了土地，真正从经济上、社会地位上翻身作主人。

（三）在共产主义视野下赋予独立自主以全人类解放的新内涵

新中国的成立，是以美国为首的帝国主义阵营所不愿意看到的。在解放战争的最后阶段，美国还在帮助国民党统治集团谋求划江而治的可能。成为执政党的中国共产党，面对的是帝国主义阵营对新中国实行的政治上的孤立、经济上的封锁、军事上的威胁和外交上的不承认。创建新中国独立自主的新型外交，挫败反华势力的围追堵截，才能为社会主义建设争取有利的国际环境。1949年3月，毛泽东在七届二中全会上提出：“我们应当采取有步骤地彻底地摧毁帝国主义控制权的方针，取消帝国主义在中国的一切特权，使中国人民

---

① 杨奎松：《新中国土改背景下的地主问题》，载于《史林》2008年第6期。

在帝国主义面前真正站立起来。”[①]中国在这个时期的外交政策主要包含两个方面的内容：一是坚持“一边倒”方针，二是创造性地提出和平共处五项原则。

“一边倒”方针，即倒向以苏联为首的社会主义阵营。1949年春天，毛泽东提出“另起炉灶”“打扫干净屋子再请客”“一边倒”的外交政策。在6月30日发表的《论人民民主专政》一文中，毛泽东对“一边倒”作了阐释与强调：“一边倒，是孙中山的四十年经验和共产党的二十八年经验教给我们的，深知欲达到胜利和巩固胜利，必须一边倒。积四十年和二十八年的经验，中国人不是倒向帝国主义一边，就是倒向社会主义一边，绝无例外。”[②]在毛泽东提出的外交三原则中，“一边倒”占据重要的位置，其他两原则也都体现出“一边倒”的内容。“另起炉灶”是指不承认旧中国建立的外交关系，同世界各国建立新的外交关系；“打扫干净屋子再请客”是指清除旧中国遗留下来的帝国主义在华特权。

和平共处五项原则，即互相尊重主权和领土完整，互不侵犯，互不干涉内政，平等互利，和平共处，是中国共产党对建设和谐的世界秩序所作出的独特贡献。1953年，周恩来在接见印度代表团时首次提出和平共处五项原则；1954年，周恩来总理与印度、缅甸两国总理发表联合声明，倡议将其作为处理国际关系的准则；在1955

① 毛泽东：《在中国共产党第七届中央委员会第二次会议上的报告》。

② 毛泽东：《毛泽东选集》第4卷，人民出版社1991年版，第1472—1473页。

年4月举行的万隆会议上，这一原则得到广泛认可。和平共处五项原则，目前依然是国际上处理外交关系的重要原则，坚持互利共赢，建设人类命运共同体，也贯穿着这一精神。

“一边倒”方针与和平共处五项原则，核心在于巩固中华民族的独立自主。独立自主，就要敢于向帝国主义阵营亮剑。1950年10月19日，中国人民志愿军赴朝参战；1953年7月27日，美国人在停战协定上签字。彭德怀在《关于中国人民志愿军抗美援朝工作的报告》中写道：“它雄辩地证明：西方侵略者几百年来只要在东方一个海岸上架起几尊大炮就可霸占一个国家的时代是一去不复返了。”“一边倒”不是依附于苏联，毛泽东曾讲：“和苏联靠在一起，这种一边倒是平等的。我们信仰马列主义，把马列主义普遍真理同我们中国实际情况相结合，不是硬搬苏联的经验。硬搬苏联经验是错误的。”[①]1950年2月签订的《中苏友好同盟互助条约》中也强调指出：“双方保证以友好合作的精神，并遵照平等、互利、互相尊重国家主权与领土完整及不干涉对方内政的原则，发展和巩固中苏两国之间的经济与文化关系，彼此给予一切可能的经济援助，并进行必要的经济合作。”1949年10月1日，毛泽东在开国大典上庄严宣告：“凡愿遵守平等、互利及互相尊重领土主权等项原则的任何外国政府，本政府均愿与之建立外交关系。”[②]

---

① 中华人民共和国外交部、中共中央文献研究室编：《毛泽东外交文选》，中央文献出版社、世界知识出版社1994年版，第279页。

② 中华人民共和国外交部、中共中央文献研究室编：《毛泽东外交文选》，中央文献出版社、世界知识出版社1994年版，第116页。

中华传统文化中不乏自立的精神，这为民族独立自主提供了丰富的理论滋养，如习近平所说：“独立自主是中华民族的优良传统，是中国共产党、中华人民共和国立党立国的重要原则。”[①]近代以来，帝国主义列强的入侵，激发起中国人民对民族独立自主的更强烈的追求。陈天华曾言：“励独立之气，复自主之权，集竞争之力，鼓爱国之诚，以与暴我者相抗拒，相角逐，以还吾中国真面目。”[②]近代中国的独立自主精神，已从古代中国知识分子所讲的人格的独立性上升为民族的独立性与自主权，有了更高的境界。中国共产党主张的独立自主又与此不同，把独立自主与变革私有制结合在一起，“实现民族独立、巩固民族独立，与建立、巩固、完善社会主义是同一历史进程”[③]。近代以来，追求民族独立成为时代的最强音。共产主义是中国共产党在新中国成立以后巩固民族独立的理论武器，中华民族独立自主有了全人类的视野，这是对传统独立自主思想的突破。

（四）恢复国民经济，建立经济国有化

在中国传统经济思想中，呈现出求富、均富，追求大同社会的特点。求富、均富观念并非从个人的角度追求一己之富，而是强调一种

---

① 中共中央文献研究室编：《十八大以来重要文献选编》上，中央文献出版社2014年版，第699页。

② 胡伟希：《中国启蒙思想文库：民声——辛亥时论选》，辽宁人民出版社1994年版，第43页。

③ 马春玲：《中华民族独立自主思想理念的逻辑思路》，载于《南京航空航天大学学报》2018年第2期。

国家本位的思想。所谓“国家本位思想”，就是求富需要以富国为首，富国继而带来君与民的共同富裕。富国需要以百姓的富足为先，“因为民是生产者，是财富的创造者，君主、政权的收入总是取之于民，只有老百姓富了，才有可能从民取得更多，国库才有可能更充裕”[①]。实质上，国有资本的终极产权的主体是全体国民，国有资本的收入和支出都需要将人民的利益纳入考虑范围之内。毛泽东曾在《经济问题和财政问题》中提出“一切空话都是无用的，必须给人民以看得见的物质福利”。党的事业就是群众的事业，所谓“国以民为本，民以食为天”，民心向背在历史发展中起着极其重要的作用。中国共产党向来重视人民群众的物质利益，努力让人民群众得到切实的好处。然而新中国成立时，中国共产党面临的是一个满目疮痍的烂摊子，物价飞涨，市场混乱，民生困苦，失业人员众多。如何恢复和发展国民经济成了摆在党的面前的最大问题。经济问题涉及国计民生，是否能恢复和发展国民经济，直接涉及能否保障人民群众最根本的物质利益。真正搞活经济、搞好经济，才能谈得上为人民谋福祉。这对中国共产党的执政能力是一大考验。人民群众“不仅在军事上、政治上看我们，他们还透过经济看我们，看物价能不能稳定，还饿不饿死人”[②]，解决人民群众的生活问题不仅是“我国一大经济问题，也是一大政治问题”[③]。

1949年9月，中国人民政治协商会议第一届全体会议通过的

① 龚关主编：《中华人民共和国经济史》，经济管理出版社2010年版，第5页。

② 陈云：《陈云文选》第2卷，人民出版社1995年版，第61页。

③ 陈云：《陈云文选》第2卷，人民出版社1995年版，第350页。

《共同纲领》规定“国营”要“没收官僚资本归人民的国家所有”，“保护国家的公共财产和合作社的财产”，要“发展新民主主义的人民经济，稳步地变农业国为工业国”。在第四章“经济政策”中规定中华人民共和国经济建设的根本方针是“以公私兼顾、劳资两利、城乡互助、内外交流的政策，达到发展生产，繁荣经济的目的”。各种社会经济成分要在国营经济的领导下进行分工合作，最终达到促进整个社会经济发展的效果。

确立国营经济的领导地位，强化国家干预作用，是由当时的经济发展状况决定的。一是我国当时是一个落后的农业大国，经济基础薄弱，轻重工业发展失衡，钢铁、能源、交通和机器制造等重要领域发展十分落后，而这些产业相对来说投资金额比较大，回报较慢，且周期较长。在当时经济发展薄弱的情况下，依靠个人乃至依靠市场无法短期内迅速发展基础工业，而这些基础工业的发展又直接影响到国家总体工业规划的发展。二是新中国成立初期经济市场供求失衡，尤其是市场上的生活必需品远远无法满足人民群众的需求，必须通过政府强有力的政治手段进行资源优化配置。三是城市中发展的私营经济较为分散且力量弱小，无法统筹运转。因此，私营经济结构的分散、力量的弱小要求政府通过建立国营经济履行提供信息、调剂供求、统一市场等职能。①

---

① 武力主编：《中华人民共和国经济史》上册，中国经济出版社1999年版，第78—79页。

在新中国成立以前，中国共产党已经在积极探索和发展公营经济。一方面，在革命时期，这些公营经济保证了革命时的财政需要，为打破敌人的军事包围和经济封锁提供了有效保障，另一方面也为新中国的成立准备了物质条件，更为新中国成立后迅速建立以国营经济为主要内容的公有制财政体系奠定了良好基础。新中国成立后，社会主义国营经济的主要来源之一是没收国民党政府时期所形成的庞大的官僚资本，这也是新民主主义革命时期的纲领之一，即没收官僚资本归新民主主义国家所有。针对官僚资本企业，中国共产党采取“保持原职、原薪、原制度”政策，整体接管，再开展生产监督和各项改革。这种做法有利于保证接管工作的正常开展，同时不影响生产进度、不破坏生产设备，能够顺利而快速地完成接管工作。国营经济的另一部分来源则是在解放战争期间所建立起来的企业。建立这些企业的主要目的是供给战争的各方物资需要，企业具备供给制和军事性的特点，不适用于社会发展的实际情况，需要对其进行引导和改革，将其转换为具有社会主义性质的国营企业，为新中国的社会发展服务。

以颇具典型性的江苏地区为例。江苏是中国共产党建党最早的省份之一，在解放前虽然已经建立和发展了新民主主义经济，但是当地的主要经济形态还是半殖民地半封建经济。尽管解放后帝国主义势力和国民党反动派的问题得以解决，但官僚资本垄断势力依旧集中于此。中国共产党针对当地的经济情况，结合七届三中全会的要求，对官僚资本主义企业和公用企业采取完整接收原有的组织机构和生产系统的方式，监督生产，结合民主改革和生产改革，将其改造为国营经济中的一大组成部分。江苏地区的国营经济还有一部分来源于早期建立的公营企业。这些企业在解放后进行了设计改进以及生产结构的调整，提高了生产管理水平和技术水平，扩大了生产规模，组成了当地的国营企业。这两部分经济力量的发展壮大，使得江苏地区的国营经济迅速确立了在国民经济中的领导地位。根据资料记载，截至1952年底，江苏境内的国营工业企业就已经达到355家，职工达7.5万，产值达到3.29亿元，共占工业总产值的17.3%。[①]这些国营企业涵盖了工业、农业、银行、交通等多个重要领域，为稳定整个市场以及保障民生起到了重要作用。

建立国营经济不是一蹴而就的，需要多方面的综合努力。新中国成立初期，面对混乱的经济局势，中国共产党首先要做的是尽快稳定物价，保障人民群众的基本生活，打破资本投机商投机倒把、操纵市场、扰乱市场的行为。中国共产党发动的“银元之战”和“米棉之战”就是典型的例子。上海刚刚解放半个月，但是不法投机商拒绝使用人民币，还进行了黄金、银元的非法投机倒把活动。尽管政府针对黄金和银元的投机行为，规定人民币为唯一合法货币，并严令禁止金条、银元、外币的自由流通，统一由人民银行收兑，

① 江苏省发展计划委员会编：《解放初期的江苏经济（1949—1952）》上册，内部刊印，2002年，第49页。

但是投机商气焰嚣张，不顾法令依旧我行我素，甚至对外叫嚣：解放军进得了上海，人民币进不了上海。为了打击投机商的嚣张气焰，政府运用政治手段，由上海军管会查封金融投机的大本营——上海证券大楼，逮捕投机商二百余人送往法办，以迅速果断的行动力成功打击了破坏金融的非法活动。投机商转而开始粮食和棉纱的投机活动，大量囤积物资并哄抬物价。他们认为只要控制了“两白一黑”（即米、棉和煤），就能扼注上海的“咽喉”。政府进行了粮食、棉花、煤炭等物资的统一调运，并适时进行了抛售，市场物资饱和，物价迅速下跌。政府采用经济手段再次成功地打击了资本投机活动。这些经济战役充分表明国营经济可以在稳定市场方面以及争取市场的主动权方面发挥重要作用。

通过短期的经济战役而稳定下来的物价只是暂时的，从根本上保障国家收支平衡以及市场物资供求平衡，需要国家加强经济引导力。具体来说就是实行全国财政经济工作的统一管理和统一领导。政府主要从财政收支、商业贸易、工业、金融等四个方面分别展开。在财政收支方面，实行统收统支出，财政收入方面除部分收入外，大部分收入归属中央财政收入，将财政权集中于中央；财政支出方面则由中央统一审核各级政府的财政支出，并进行逐级拨付。换句话说，收入与支出之间不直接挂钩，走的是两条路子，各项财政收支，除了地方附加以外，全都纳入统一的国家预算。在商业贸易方面，由中央贸易部统一指挥，设立贸易金库制度，同时规定部队、机关、政治团体一律不得经商。在工业方面，根据企业的重要程度和规模分级管理。在金融方面，则以中国人民银行为国家金融管理和调度总机构，对下属机构进行指导监督。

对经济的统一管理有助于政府充分发挥主观能动性，通过政府主导下的国有资本进行调控，发挥国有资本在市场上的调节作用和引领作用，实现单靠市场所无法实现的资源优化配置。比如原有经济活力不足，企业改组造成了大量失业人员。为了妥善安置失业人员，政府组织了生产救灾活动，主要途径是发放救济费用，以工代赈，组织培训学习，介绍就业等。南京曾成立疏散人口委员会，专门组织安排进行大规模的疏散工作。以工代赈主要是针对部分地区发生的灾情，通过发动非灾区的人民，动员大量群众积极参与到大规模的水利工程建设中去。这样既能解决劳动人口的闲置问题，又能让劳动人民通过自己的劳动获得经济收入。政府充分调动国有资本，积极采取措施缓解现状的前提是庞大的资金保障。

经过三年的国民经济恢复与发展，以及一系列的整改措施，国家得以掌握经济命脉，控制金融、市场和重工业。有评价生动形象地称中国共产党是“奇迹般地在战争的废墟上恢复了国民经济”[①]。建立国营经济，迅速恢复和发展国民经济，为巩固人民民主专政奠定了经济基石，对完成从新民主主义向社会主义的过渡，进入社会主义初级阶段起到了非常重要的作用。

新中国的成立带来了社会的巨变，中国从此踏上独立自主发展

① 龚关主编:《中华人民共和国经济史》，经济管理出版社2010年版，第6页。

的社会主义国家道路。在对公道的探索道路上，中国人民依靠自己的力量以及对公道和幸福生活的向往，赢得了初步性的伟大胜利。曾有一位“纺织大王”谈及自己接受社会主义道路的原因时指出，尽管自己是一个资本家，资本家历来被认为以追求利润为主，社会主义表面上看起来似乎对资本家“不太友好”，但是他首先是一名中国人，他一直希望能够通过兴办工业救国图强。在旧社会，面对帝国主义和官僚资本的压榨、勒索，兴办工业举步维艰。新中国成立初期，在政府的帮助下，企业得以摆脱局面，开始逐年盈利。随着五年计划的展开，“全国兴建了许多大工厂，各地进行了大规模的建设，一切实现得比梦想还要快，多么令人鼓舞！没有共产党，不走社会主义的道路，哪能有今天？”个人的资本剥削只是极小一部分人的利益，虽然废除了资本主义制度，失去了一些剥削所得，并没有产生重大影响，“我还是过得很好”，更重要的是最终“得到的却是一个人人富裕、繁荣强盛的社会主义国家”。[①]这是人民群众肯定中国共产党领导的社会主义改造的缩影。中国共产党的公道探索之路虽然走得艰辛，却是值得的。中国共产党不仅赢得了战争与革命的胜利，更重要的是赢得了人民群众的拥护和支持。中国共产党人用行动和鲜血向人民群众证明，中国共产党有能力并且有信心带领人民走向向往的美好生活。

---

① 原载于《新华社新闻稿》1956年1月21日，转引自中共中央党史研究室著，胡绳主编：《中国共产党的七十年》，中共党史出版社1991年版，第385页。

第四章　公道融通的发展创新

为人民谋幸福、为民族谋复兴，是中国共产党自成立以来始终坚守的初心和使命。这种初心与使命在我们党带领全国人民推翻三座大山、建立新中国后的社会主义道路探索和延展中逐步深化。虽然在社会主义道路确立后的一段时期内，我们对社会主义的某些认识脱离了中国实际，开展的社会主义实践也并非一帆风顺，但我们党的人民情怀没有变、改革创新的决心没有变。正是在坚持和发展中国特色社会主义这一时代主题的引领下，中国共产党通过理论和实践创新以及自我革新的勇气深化了对中国特色社会主义的认知，通过改革开放开启了社会主义发展的新征程。在这一过程中，中国特色社会主义道路的开拓、发展与创新，与我们党立党为公、执政为民的初心与使命相互印证、彼此关联，推动了公道融通的创新发展。

一、社会主义建设时期公道融通的艰辛探索

公道融通贯穿于近现代中国社会历史发展的全过程，在不同阶

段凸显出不同的时代特征及历史特点，集中体现在中国共产党对公道融通进行的理论创新和实践探索中。从1956年底到1978年，这一历史阶段在中国共产党和社会主义发展史中具有举足轻重的地位，反映了我们党对社会主义道路的艰辛探索。共产党人对人民至上和天下为公的追求在这一阶段有诸多方面的展现，揭开了公道融通发展创新的帷幕。

（一）为人民服务是公道融通的核心彰显

公道融通倡导天下为公、奉公为民。作为马克思主义的执政党，中国共产党始终坚持全心全意为人民服务的根本立场。马克思主义基本原理中所蕴含的“为绝大多数人谋利益”的价值遵循彰显了真理的力量、人民的呼声。《中国共产党章程》规定：“党除了工人阶级和最广大人民群众的利益，没有自己特殊的利益。党在任何时候都把群众利益放在第一位。”[①]在社会主义建设时期及此后的十多年中，以毛泽东为代表的中国共产党人始终把为人民服务作为党的指导思想及理论体系的重要内容。为人民服务既是公道融通的核心内容，又是实现天下为公的根本指向。

毛泽东继承并发扬了传统的天下为公思想，将天下为公由中国古代的圣贤学说改造成为全民族、全体人民自觉遵守的共产主义道

① 本书编写组：《中国共产党第十九次全国代表大会文件汇编》，人民出版社2017年版，第77页。

德的基本原则，成为处理个人与集体、个人与国家关系的重要准则。在社会主义建设时期，这一思想拓宽了人们的道德境界，净化了人们的灵魂，提高了全体中国人民的思想觉悟，掀起了社会主义建设的高潮。自1956年后的二十多年间，特别是在十年社会主义建设时期，涌现出了许许多多为人民服务的先进人物和模范集体。雷锋、焦裕禄、王进喜、欧阳海、“南京路上好八连”，他们把有限的生命投入到无限的为人民服务中去，这些都是“为人民服务”精神的真实写照。

毛泽东在继承儒家关注人性、注重人生的基础上，提出了“世间一切事物中，人是第一个可宝贵的”[①]的著名论断。他在这里谈论的人的概念，是以马克思主义人的本质理论为基础，从社会关系的视角将人规定为“一切社会关系的总和”，对人进行了阶级的分析，指出了人在阶级社会中的阶级属性，人与人之间的阶级差异、对立根源，规定了革命的对象和依靠的力量。与此同时，他摒弃了传统文化中把社会发展寄托于“圣人”“君子”的个人品德的惯性认知，从历史唯物主义角度出发提出了“人民，只有人民，才是创造世界历史的动力”[②]，肯定了人民群众的历史地位和历史作用。正是在这样的认识基础上，毛泽东把传统文化中天下为公的追求发展成为绝大多数劳动人民利益服务的全心全意为人民服务的思想。由此，为

① 毛泽东：《毛泽东选集》第4卷，人民出版社1991年版，第1512页。

② 毛泽东：《毛泽东选集》第3卷，人民出版社1991年版，第1031页。

人民服务便成为这一阶段公道融通思想的核心内容。

全心全意为人民服务是无产阶级崇高的道德境界。这一精神的提出不仅以马克思主义理论为指导，而且受中华民族几千年重道德、讲精神的优秀民族传统的影响。中国古代先贤高度重视人的品格，注重人的道德境界，主张人类的价值就在于人的道德价值。受此影响，毛泽东在提出无产阶级和革命人民改造旧世界、建设新世界的伟大使命时指出："无产阶级和革命人民改造世界的斗争，包括实现下述的任务：改造客观世界，也改造自己的主观世界。"[①]这要求全体人民用民主的方法，进行自我教育，自我改造，提高自己的思想境界，为了阶级利益、他人利益，公而忘私，达到"毫不利己，专门利人"的崇高境界。

全心全意为人民服务与社会主义建设时期的发展要求相适应。毛泽东继承并发展了马克思关于解放人类、为人类谋求幸福的思想，把全心全意为人民服务确立为党的宗旨，要求共产党人应起到模范带头作用，帮助群众，关心群众。全心全意为人民服务的思想继承和发展了马克思主义执政党为大多数人谋利益的执政理念，在实践中弘扬和诠释了无产阶级的政治道德观，标志着中国共产党人政治活动的价值取向是人民群众的根本利益。这种全新价值观的形成，是中国共产党人世界观、价值观和人生观的集中体现。全心全意为人民服务要求共产党人的行动和言论要以最广大人民的根本利益为

① 毛泽东：《毛泽东选集》第1卷，人民出版社1991年版，第296页。

出发点和落脚点，强调在实践中坚持全心全意为人民服务的宗旨，坚持真理，实事求是，纠正错误。广大党员以全心全意为人民服务的思想为指导，坚持正确的政治道德观，积极践行群众路线，获得了广大人民群众的信任与支持，取得了一个又一个胜利。

全心全意为人民服务具有鲜明的实践性特点。马克思说过，我们的出发点是从事实际活动的人，毛泽东把实践概括为“主观见之于客观的活动”，充分肯定了主体的能动性。他把实践的观点、方法与群众路线的观点和方法结合在一起，强调了人民群众的主体性。实践是发扬全心全意为人民服务精神的必由之路。个体需在实践中完成思想的改造和升华，在不断的自我否定中提高个人的精神境界。只有在革命的实践中才能抵达精神境界的高峰，只有在革命的实践中才能充分发挥人的主观能动性，为社会进步与国家发展作出更大贡献，也只有在实践中个人利益和社会利益才能在更高的基础上实现统一。所以，为人民服务不仅是公道融通的核心内容，更是实现天下为公的路径选择。

以毛泽东为代表的第一代中国共产党人继承中华民族的优秀历史传统，从传统中汲取营养、不断深化、提高创新，开拓出天下为公全新的意境。全心全意为人民服务这一无产阶级的最高准则，正是中华民族的传统美德和共产主义理论的结合体。为人民服务既是对中华优秀传统文化合乎规律的发展，也是马克思主义理论在当时中国的伟大实践，已成为中华民族优秀民族精神的重要组成部分，成为中国共产党人永远的价值追求。

（二）国际主义是公道融通的开拓延展

中国共产党人胸怀的天下为公理想，还包含着无产阶级国际主义的意蕴和革命主义的情怀，强调坚定不移支持国际民族、民主革命。“天下为公行大道”是中国共产党人始终不渝的价值追求。1970年，毛泽东曾说：“世界上的事就是要商量商量。国内的事就要国内人民自己解决，国际间的事就要大家商量解决，不能由两个大国来决定。”[①]我们一贯强调通过对话解决国际争议，其思想来源即出于此，在国际上也得到越来越广泛的认可。天下为公、公道融通正是毛泽东坚持无产阶级国际主义，支持世界人民正义事业的思想根源。“我们是同一切马克思列宁主义者、一切革命人民、全体人民讲团结的。绝不同反共反人民的帝国主义者和各国反动派讲什么团结。只要有可能，我们也同这些人建立外交关系，争取在五项原则基础上和平共处。但是这些事，跟我们和各国人民的团结是不同范畴的两回事情。”[②]以毛泽东为代表的中国共产党人帮助被压迫人民、被压迫民族进行革命斗争，履行了无产阶级革命政党的国际主义义务，拓展了公道融通思想的外延。

中国传统政治思想崇尚的天下为公，赋予了中国共产党人以天下为己任的远大政治抱负。无产阶级必须具有解放全人类的博大

---

① 中共中央文献研究室编：《毛泽东年谱》（1949—1979）第6卷，中央文献出版社2013年版，第310页。

② 毛泽东：《建国以来毛泽东文稿》第10册，中央文献出版社1996年版，第39页。

胸怀和促进全人类共同进步的远大理想，“已经获得革命胜利的人民，应该援助正在争取解放的人民的斗争，这是我们的国际主义义务”[①]。为此，以毛泽东为代表的第一代中国共产党人提出了一系列国际主义主张。

一方面，中国革命的胜利改变了东方世界的形势，世界力量对比也发生了巨大的变化，资本主义阵营被削弱，社会主义阵营得到壮大。中国革命是世界革命的一部分，二者是一种相互援助的关系。在一个资产阶级还没有被消灭的世界里，将革命进行到底，不仅是一国国内的任务，更是应当肩负的国际责任。毛泽东强调：“中国渴望中国革命的胜利在全世界，至少也要在中国的周边地区产生巨大的影响。”[②]他还进一步指出，基于国际人道主义精神和共产主义使命，我们应积极支持亚洲、非洲和拉丁美洲各国的民族独立解放运动和世界上一切国家的正义斗争。

另一方面，中国革命运动一定要并入全世界被压迫民族的革命潮流中，同世界无产阶级革命运动联合起来才能最终打倒帝国主义。新中国成立初期，通过“一边倒”政策，中国获得了国际援助。当中国的政治、经济和军事实力有了一定的增强后，就有义务为世界革命提供援助。毛泽东认为，对外援助是革命阵营团结的重要表现。在国际主义与民族主义的关系方面，中国共产党人继承了

---

① 参见《毛主席接见非洲朋友时的讲话》，载于《人民日报》1963年8月9日。

② 杨光斌、李月军等：《中国国内政治经济与对外关系》，中国人民大学出版社2007年版，第6页。

苏联理论界的基本观点，用阶级斗争的分析方法将民族问题与阶级问题联系起来，认为只有解决了阶级问题，民族问题才能最终解决。国际主义成为解决民族问题的重要前提。在国际关系中，无产阶级世界革命与民族解放运动的前途是密切相关的。一个在国内经济上不剥削人的阶级，也不会在国际经济上剥削人，更不会在民族关系上压迫人。恰恰相反，不能解决民族压迫，无产阶级也就不能解放自身。

毛泽东非常重视全世界被压迫者的最终解放，重视第三世界和第一、二世界中的人民群众的命运，把支持亚、非、拉民族独立运动看作自己的国际义务。为此，他热情地倡导世界革命，援助第三世界国家，即使在自身困难的情况下，仍然竭力支持亚、非、拉各国争取和维护民族独立的斗争。当胡志明领导的越南共产党在越南重新举起武装抗法的旗帜，并向中国共产党请求援助时，我们党积极予以支持。中国不仅在物资和军事上给予越南无偿帮助，还派遣军事顾问团协助越南人民军组织指挥作战，建设军队。毛泽东认为，帝国主义具有世界性，帝国主义是社会主义阵营、民族独立国家、被压迫民族和被压迫人民的共同敌人，应当团结一切国际进步力量，反对美帝国主义及苏联的侵略政策和战争政策，保卫世界和平。他重视建立反帝统一战线，包括社会主义阵营、民族独立国家、被压迫民族、被压迫人民相互之间及其内部的团结与联合。可以说，以毛泽东为代表的中国共产党人把对天下为公和公道融通的追求发展为在实践中高举的国际主义旗帜，为亚、非、拉受压迫国家和地区的民族独立、人民解放提供了最真挚、最无私的支持和帮助。

十年社会主义建设时期以及此后的“文化大革命”时期和“文革”结束后的两年过渡时期，是中国共产党人探索社会主义道路的重要阶段，也是社会主义在中国经历发展和挫折的关键时期。这一阶段，公道融通的思想在理论上集中体现为全心全意为人民服务，在实践上表现为人民公社的兴起和国际主义的蓬勃发展，中国共产党人对天下为公和公道融通的认识水平与实践能力都得到了进一步深化和拓展，为此后公道融通的发展创新奠定了坚实基础。以毛泽东为代表的第一代中国共产党人，对社会主义道路的艰辛探索是一条交织着正确与失误的曲折的历程。他们在崭新的中国探索了建设什么样的社会主义、怎样建设社会主义这一时代主题，拓宽了中国共产党人实现公道融通的眼界与途径。

二、踏上改革开放的公道融通新途

马克思主义认为，生产力与生产关系、经济基础和上层建筑的矛盾运动是推动人类社会发展的基本动力。在阶级社会，阶级斗争是社会发展的直接动力，进入社会主义社会以后，剥削阶级被基本消灭，在这种条件下阶级斗争还是不是社会发展的直接动力？作为世界上人口最多的社会主义国家，中国在探索这一问题上经历了曲折的过程。以邓小平为核心的党的第二代中央领导集体在总结“文革”教训和国际共产主义运动经验的基础上，果断放弃“以阶级斗争为纲”的错误路线，将党的工作重心转移到经济建设上来，确立了通过改革来发展和完善社会主义的重要决策。邓小平明确指出，“坚持改革开放是决定中国命运的一招”①，“如果现在再不实行改革，我们的现代化事业和社会主义事业就会被葬送”②，“改革是中国的第二次革命”③。邓小平从全局的角度回答了社会主义制度建立以后中国为何需要改革的原因。改革也离不开开放，“长期闭关自守，把中国搞得贫穷落后，愚昧无知”④，只有开放，才能利用各种有利条件发展自己。党的十一届三中全会以后，中国共产党深刻分析国内外发展形势，认为中国的发展必须充分利用世界有利条件，作出了对外开放的重要决策。“我们建国以来长期处于同世界隔绝的状态。……六十年代我们有了同国际上加强交往合作的条件，但是我们自己孤立自己。现在我们算是学会利用这个国际条件了。”⑤实践也证明，改革开放决定了当代中国的前途和命运，开拓了公道融通新途径。

（一）基于满足人民群众需要开拓公道融通新途径

探索先富带动后富的实现路径满足人民物质需要。长期以来，中华民族生活在自给自足的小农经济环境中，人们改造自然的能力有限，人与人的能力差距不大，在这种情况下人们倾向追求劳动和

① 邓小平：《邓小平文选》第3卷，人民出版社1993年版，第368页。
② 邓小平：《邓小平文选》第2卷，人民出版社1994年版，第150页。
③ 邓小平：《邓小平文选》第3卷，人民出版社1993年版，第113页。
④ 邓小平：《邓小平文选》第3卷，人民出版社1993年版，第90页。
⑤ 邓小平：《邓小平文选》第2卷，人民出版社1994年版，第232页。

消费的公平性，逐渐形成了平均主义思想。进入20世纪中叶，平均主义思想仍然占据着主流思想地位，原因是：一方面受传统文化影响，加之对追求共产主义的迫切愿望，对社会主义的公平正义理解不当；另一方面是为了破除封建残余，党和国家强调公平平等的理念。在各种历史条件的影响下，中国的发展几乎进入一个死胡同，陷入了前所未有的经济发展困境。邓小平认识到平均主义的危害，认为贫穷不是社会主义。而当时社会的贫穷也不是我国走社会主义道路造成的，社会主义社会的主要任务是发展生产力，为向共产主义过渡提供充裕的物质财富。平均主义思想根深蒂固，人们认识事物都必须依靠自己先前认识的框架，新思想不能直接与先前对立，需要有一个过渡的理论做引导。正是在这种条件下，邓小平提出了先富带动后富的思想：“共同富裕的构想是这样提出的：一部分地区有条件先发展起来，一部分地区发展慢点，先发展起来的地区带动后发展的地区，最终达到共同富裕。”[①]“在经济政策上，我认为要允许一部分地区、一部分企业、一部分工人农民，由于辛勤努力成绩大而收入先多一些，生活先好起来。一部分人生活先好起来，就必然产生极大的示范力量，影响左邻右舍，带动其他地区、其他单位的人们向他们学习。这样，就会使整个国民经济不断地波浪式地向前发展，使全国各族人民都能比较快地富裕起来。”[②]可以看出，共

① 邓小平：《邓小平文选》第3卷，人民出版社1993年版，第373—374页。

② 邓小平：《邓小平文选》第2卷，人民出版社1994年版，第152页。

同富裕与人民长期的思维方式相吻合，同时体现了社会主义的本质特征；先富带动后富立足于社会主义初级阶段的实际，只有现阶段先富了，才能为共同富裕提供物质保障。总之，先富带动后富思想是一个切实可行的方案，有利于破解传统社会主义发展难题，有利于在社会主义初级阶段促进生产力的发展。

保障公民的基本权利和平等地位。新中国成立以后，我们党高度重视并维护公民的基本权利和平等地位，取得了重大成就，但由于各种原因，也遭受了重大挫折。“文革”结束后，邓小平大力加强政治领域建设，通过发扬人民民主和反对特权主义，保障了公民的基本权利和平等地位。邓小平认为，社会主义事业发展必须加强民主建设。首先，人民民主是社会主义的重要组成部分。社会主义离不开民主制度发展，“没有民主就没有社会主义”①，发展人民民主是巩固社会主义政权的基本前提；同时，民主有利于破除社会主义发展道路上的障碍，有利于实现社会主义现代化。其次，社会主义民主是人民民主的基本形式。针对虚伪和相互掣肘的资本主义民主制度，邓小平提出“把对人民的民主和对敌人的专政结合起来，把民主和集中、民主和法制、民主和纪律、民主和党的领导结合起来”②，这样的制度兼具广泛性和高效性，对于中国社会发展以及社会主义优越性的发挥具有重要作用。最后，法制化和政治稳定是人民民主的保

① 邓小平：《邓小平文选》第2卷，人民出版社1994年版，第168页。
② 邓小平：《邓小平文选》第2卷，人民出版社1994年版，第176页。

障。邓小平认为，社会主义民主和法制是统一而不可分的，“不要社会主义法制的民主……绝不是社会主义民主。相反，这只能使我们的国家再一次陷入无政府状态”[①]，中国缺少法制传统，必须健全法制不动摇；同时，政治稳定是推进人民民主的外在保障，“没有安定的政治环境，什么事情都干不成”[②]。为了维护安定的局面，必须坚持四项基本原则，“如果离开四项基本原则，抽象地空谈民主，那就必然会造成极端民主化和无政府主义的严重泛滥，造成安定团结政治局面的彻底破坏”[③]。邓小平保障公民的权利和平等地位的另一措施是反对特权思想。早在党的八大审议通过的《关于修改党的章程的报告》中，邓小平就提出了反对不受约束的特权思想。改革开放以来，他又多次告诫全党要反对特权现象，并分析了滋生特权现象的原因和解决方式。他指出，封建历史残余和法律制度不健全导致特权产生，为此，高级领导干部要以身作则，同时还要解决思想和制度问题，只有割除这些弊端，才能从从根本上解决搞特权和违法乱纪的问题。

以教育改革为重点满足人民文化需要。公道蕴含着公平正义的价值理念，机会公平是实现公平正义的必要条件，只有机会公平，个人才能享有平等的生存和发展空间。邓小平认为，真正的公平是不分阶层、不分民族、不分性别的，社会主义就是要努力为人民创造一个全方位的、能够使自我价值充分实现的良好社会环境。随着

---

① 邓小平:《邓小平文选》第2卷，人民出版社1994年版，第359页。

② 邓小平:《邓小平文选》第3卷，人民出版社1993年版，第244页。

③ 邓小平:《邓小平文选》第2卷，人民出版社1994年版，第176页。

社会文明的进步，人民的文化需求越来越迫切，邓小平把选择主抓教育作为实现人与人机会公平的突破口。首先，提出“教育优先发展论”。在当今社会，国家的实力越来越取决于劳动者素质的提高和知识分子的数量与质量。把教育摆在优先发展的地位，教育的改革和发展才能得到充分的重视。这一决策扭转了“文革”造成的人才缺乏、人才断层的局面，中国教育进入迅速发展的时期，为实现机会公平提供了前提和保障。其次，加强教育改革。以计划体制为基础的教育教学缺乏灵活性，同改革开放严重脱节。邓小平提出了“真正搞好教育的改革，使教育事业有一个大的发展、大的提高”的要求，我国教育领域进入了改革发展的新时期。再次，提出兼顾教育的公平和效率。“文革”十年给我国教育领域造成重大损失，如何制定教育政策扭转局面，是全国人民都关心的问题。为此，邓小平深入思考教育的效率和公平问题，提出教育一要普及，二要提高，在当时人才紧缺的情况下更要注意教育效率的提高，没有这一条件教育公平也难以实现。最后，采取各种手段推进教育公平。公平正义的理念是邓小平制定政策的价值诉求，在追求教育效率提高的同时，他一直没有忽略教育公平的重要性，如努力提高教育工作者的地位，加大经费投入保障教育公平，加大对少数民族教育文化的扶持力度，发展多元类型的教育事业等，有力地推动了教育公平的实现。

（二）基于对社会主义本质的思考开拓公道融通新途径

解放和发展生产力为公道融通提供物质基础。马克思主义经典作家在描述未来社会时将高度发达的社会生产力视为基础条件，“通过社会生产，不仅能保证一切社会成员有富足的和一天比一天充裕的物质生活，而且还可能保证他们的体力和智力获得充分的自由的发展和运用，这种可能性现在是第一次出现了，但是他确实是出现了”[①]，以高度发达的生产力为基础，社会才能具备相应的社会经济资源，才能为社会公正的实现提供必要的条件和途径。邓小平在反思社会主义建设的经验与教训时认为，忽视生产力的发展是最大的失误，这导致中国长期处于停滞和徘徊状态，是影响中国公平正义实现的最具决定性的因素。十一届三中全会以来，我们党把经济建设作为压倒一切的中心任务，最主要的就是解放和发展生产力。把发展社会生产力作为社会主义的根本任务，没有国家的富强和人民的富裕，失去物质基础的社会公道只能成为空中楼阁。

按劳分配为公道融通提供必要原则。分配公平是人们衡量和评价某种社会制度和政策是否具有优越性的一个重要标杆，社会主义初级阶段首先要建立起最能体现公平正义精神、社会公道的分配方式。改革开放前的很长一段时间内，我国在分配制度上的最大弊端就是平均主义和“吃大锅饭”。邓小平从保障劳动者地位的高度研究社会主义的分配问题，认为实行按劳分配是科学、公正地评价劳动者权利与义务的方式。在深刻总结毛泽东公正思想的基础上，邓小平认为，中国长期实行的计划经济下的平均主义分配方式缺乏现实

① 马克思、恩格斯：《马克思恩格斯选集》第3卷，人民出版社1995年版，第757页。

的物质条件，容易压抑劳动群众的积极性，最终导致“共同贫穷”。为此，应依据劳动好坏、技术高低、贡献大小按劳分配，并对有特殊贡献者给予奖励。同时，邓小平反对在中国实行资本主义分配方式，认为资本主义分配方式不能解决多数人的生活富裕问题并会产生两极分化，相反，“实行按劳分配的原则，就不会产生贫富过大的差距，再过二十年、三十年，我国生产力发展起来了，也不会两极分化”①。邓小平提出的按劳分配理念，打破了平均主义的分配方式，创新了长期以来单一的社会主义分配模式，社会公道成为一种社会自觉而不是社会强制，成为社会发展的一种内在需求和活动机制。

“三个有利于”为公道融通设立现实标准。我国改革开放的进程中出现了许多新事物和不同思想导向，如何利用马克思主义指导改革开放的实践是我们党一直思考的问题。邓小平把“三个有利于”标准作为判断改革和各方面工作得失的标准。他多次强调，我们党的全部理论和实践都必须把是否有利于发展社会主义社会的生产力、是否有利于增强社会主义国家的综合国力、是否有利于提高人民的生活水平作为衡量成败的标准，作为制定各项方针政策的出发点和归宿。“三个有利于”的评价标准是一个统一的整体。其中，生产力标准是根本标准，是其他两个标准的基础，生产力不发展，国力的增强和人民的富裕就成为一句空话；综合国力的提高是发展生产力和提高人民生活水平的保障；实现全体人民的幸福是发展生产、提高综合国力的落脚

① 邓小平：《邓小平文选》第3卷，人民出版社1993年版，第64页。

点。“三个有利于”的标准后来被写入党章，成为中国特色社会主义建设的衡量尺度和行动指南，更成为判断当前政策、体制是否合理和公道的重要标准。我们在推进社会公道实现的过程中应当始终坚持这一标准，背离了这个根本标准，社会公道的实现就会失去正确的方向。

共同富裕为公道融通确立最终目标。邓小平认为，“社会主义最大的优越性是共同富裕，这是体现社会主义本质的一个东西”[①]“社会主义的特点不是穷，而是富，但这种富是人民共同富裕”[②]，“我们讲的致富不是你们讲的致富。社会主义财富属于人民，社会主义的致富是全民共同致富”[③]。可见，共同富裕既与均富思想对立，又与两极分化相异，是社会主义本质和优越性的根本体现。共同富裕蕴含着公平正义的理念和社会公道的价值追求，为改革开放以来的中国特色社会主义现代化建设方向提供了重要的理论根据。这一思想内在要求解放和发展生产力。生产力是社会发展的最终决定力量，紧紧抓住经济建设这个中心，不断增加社会财富总量，为实现公平正义提供坚实的物质基础。这一思想还要求消灭剥削、消除两极分化，内含公有制及按劳分配等生产关系方面的内容，为人民群众公平公正地分配社会财富提供了保障。所以说，共同富裕作为社会主义社会的奋斗目标，强调了结果的公道。

① 邓小平:《邓小平文选》第3卷，人民出版社1993年版，第364页。

② 邓小平:《邓小平文选》第3卷，人民出版社1993年版，第265页。

③ 邓小平:《邓小平文选》第3卷，人民出版社1993年版，第172页。

（三）基于时代主题开拓公道融通新途径

作出和平与发展的时代主题判断。十一届三中全会以后，邓小平用实事求是的思想对20世纪以来世界的变化作了通盘审视，得出了“在较长时间内不发生大规模的战争是有可能的，维护世界和平是有希望的”的科学论断，从而形成了和平与发展两大主题的崭新时代观。1984年5月，邓小平在会见巴西总统菲格雷多时指出，和平问题与发展问题是当今世界的突出问题。1989年1月，他在会见缅甸总统吴山友时强调，和平问题和发展问题这两个问题关系全局，带有全球性战略性意义。邓小平提出的和平与发展是当今时代两大主题的思想改变了过去观察和处理国际问题的思维方式，指导我们以“结束过去、开辟未来”的方针调整外交战略，为我国的经济建设创造了良好的国际环境，也有利于整个世界的和平与稳定。

坚决反对霸权主义和强权政治。邓小平认为，现在世界上真正的大问题，一个是和平问题，一个是发展问题，即和平与发展已经成为时代主题；同时这个世界又并不安宁，霸权主义和强权政治的存在仍然威胁着世界的和平、发展与稳定。一些世界强国随意践踏他国主权，侵犯他国权益，对国际社会的公平正义构成巨大威胁。基于维护国际社会公平正义、维护世界和平稳定和维护中国国家利益的考虑，邓小平在表明中国对外政策时强调，中国一方面永远不搞霸权主义，同时中国坚决反对霸权主义和强权政治，“中国的对外政策，主要是两句话。一句话是反对霸权主义，维护世界和平，另一句话是中国永远属于第三世界……中国永远不会称霸，永远不会欺负别人，永远站在第三世界一边”[①]。这充分体现了中国坚决同第三世界国家站在一起，反对霸权主义和强权政治，维护世界公平正义的态度和决心。

积极主张建立国际政治经济新秩序。旧的国际政治经济秩序的不公平主要表现在南北问题上，邓小平在分析这种不公正的秩序时指出：“现实情况是当今世界只有四分之一的人口生活在发达国家，其他四分之三的人口是生活在发展中国家，或者叫不发达国家。国际社会虽然提出要解决南北问题，但讲了多少年了，南北之间的差距不是在缩小，而是在扩大，并且越来越大。”[②]1988年12月，他在同印度总理甘地会谈时又进一步指出：“世界上现在有两件事情要同时做，一个是建立国际政治新秩序，一个是建立国际经济新秩序。”[③]邓小平所盼望建立的国际新秩序，是一个国与国之间遵守和平共处五项原则、合理公正的新秩序。邓小平还呼吁，无论是发展中国家还是发达国家，都应该为国际政治经济新秩序的实现而努力。

中国要成为维护世界和平正义的重要力量。第二次世界大战的爆发及战后两大阵营的长期冷战，使得包括我国在内的很多国家饱受战乱之苦，国家主权受到侵犯，国内建设与发展更是无从谈起。冷战结束后，邓小平审时度势，强调中国要成为维护世界和平正义

---

① 邓小平：《邓小平文选》第3卷，人民出版社1993年版，第56页。

② 邓小平：《邓小平文选》第3卷，人民出版社1993年版，第281页。

③ 邓小平：《邓小平文选》第3卷，人民出版社1993年版，第282页。

的重要力量，“中国的对外政策是独立自主的，是真正的不结盟。中国不打美国牌，也不打苏联牌，中国也不允许别人打中国牌。中国对外政策的目标是争取世界和平”[①]。首先，坚持用和平共处五项原则处理同世界各国特别是广大发展中国家的关系。广大发展中国家是我国开展外交工作的立足点，对于西方资本主义国家，也要超越意识形态和社会制度的差异，寻找共同利益的汇合点；其次，重视同周边国家的睦邻友好关系，用和平谈判方式解决国际争端。邓小平认为，和平解决国际争端的方式有以下四个方面：一是用和平协商的方式，本着互谅互让的原则，合理解决边界争端和纠纷；二是用“主权属我、搁置争议、共同开发”的办法解决历史遗留边界问题；三是对于一时解决不了的可以留待日后解决；四是处理国家关系总的指导思想是求同存异，不纠缠旧账，一切向前看。中国努力维护世界和平的主张体现了历史发展和时代进步的要求，树立了国际正面形象，得到了国际社会特别是发展中国家的广泛认可。

三、公道融通实现新发展

中国共产党自成立以来一直秉承治国理政之道，为实现天下为公的民族使命和责任担当鞠躬尽瘁。天下为公蕴含着中国优秀传统文化中对国家治理的美好愿望，也是中国共产党不忘初心和使命的理想追

① 邓小平：《邓小平文选》第3卷，人民出版社1993年版，第57页。

求。党的十三届四中全会以来，以江泽民同志为核心的中央领导集体面对世情、国情和党情发生的变化，继续坚持改革开放的基本国策，完善社会主义市场经济体制，正确处理改革、发展、稳定三者之间的关系，不断推动社会生产力的解放和发展，全面建设小康社会；十六大以来以胡锦涛同志为总书记的党中央站在新的历史起点上，重新审视发展面临的深层次问题，树立科学发展观，坚持以人为本，促进社会全面、协调、可持续发展，拓展了公道融通的发展路径。

（一）以江泽民同志为核心的中央领导集体推动公道融通的社会主义改革

改革是社会主义制度的自我完善和发展。以江泽民同志为核心的中央领导集体继承、丰富并发展了邓小平的改革开放理论，结合时代发展的新形势，从社会主义市场经济体制、社会主义初级阶段基本经济制度、分配制度、全面建设小康社会等方面，进一步揭示了社会主义建设中改革开放和社会发展的基本规律，持续推动公道融通的社会主义改革。

创新社会主义市场经济体制的理论与实践。江泽民明确指出改革的目标是建立社会主义市场经济体制，阐述社会主义新经济体制的主要特征，“一是在所有制结构上，坚持以公有制经济为主体，个体经济、私营经济和其他经济成分为补充，多种经济成分共同发展；二是在分配制度上，坚持以按劳分配为主体，其他分配方式为补充，允许和鼓励一部分地区、一部分人先富起来，逐步实现共同富裕，防止两极分化；三是在经济运行机制上，把市场经济和计划经济的长处有机结合起来，充分发挥各自的优势作用，促进资源优化配置，合理调节社会分配”[①]。在邓小平发表南方谈话后不久，以江泽民同志为核心的中央领导集体多次召开学习会议，贯彻落实社会主义市场经济体制，并对所有制结构、分配制度和资源配置方面作出精辟论述，理清了多年来争论不清的关于计划和市场的关系的问题，解决了关系社会主义现代化建设全局的重大问题。

确立社会主义初级阶段的基本经济制度。十四大以来，我们党阐述了公有制的主体地位，国家控制国民经济命脉，保证经济发展的社会主义性质，为实现全体人民的共同富裕提供了保证。同时将公有制实现形式多样化，努力寻找促进生产力发展的多种有效的实现形式。天下为公就是天下人共有，即国家治理和服务的主体是人，人民共同享有物质资料成为国家的主人，人民共同享受平等幸福，共同占有物质资料，致力于消除贫富悬殊，实现人人平等。公有制主体地位保证了全体人民共同占有国家资料。

丰富社会主义分配制度理论。我们坚持多种分配方式并存的分配制度，坚持效率优先、兼顾公平、共同富裕的原则，将按劳分配和按生产要素分配结合起来，充分尊重人民群众的劳动成果，实现经济利益的公平分配。江泽民在党的十六大报告中明确提出：“确立劳动、资本、技术和管理等生产要素按贡献参与分配的原则，完

① 江泽民：《江泽民文选》第1卷，人民出版社2006年版，第203页。

善按劳分配为主体，多种分配方式并存的分配制度”，强调“初次分配注重效率，发挥市场的作用”，“再分配注重公平，加强政府对收入分配的调节职能，调节差距过大的收入”，“以共同富裕为目标，扩大中等收入者比重，提高低收入者收入水平”。[①]以江泽民同志为核心的中央领导集体关于社会主义分配制度的改革有利于规范分配秩序，调动广大劳动群众的积极性，实现社会主义资源的合理配置，促进经济有效发展，是对传统文化中天下为公实现路径的创新，有利于利益分配的公平正义。这些改革举措在促进社会主义生产力发展的基础上强调实现共同富裕，防止收入差距的两极分化，在新的时代条件下，为实现社会公平、走向大同社会奠定了坚实的物质基础。

“小康”一词充满传统文化色彩，小康社会与传统文化中的天下为公思想同向近意，表达了古人对理想社会的向往和追求。邓小平将小康社会与现代化建设密切联系起来，赋予小康社会新的时代内涵。他在会见日本首相大平正芳时指出：“我们的四个现代化的概念，不是像你们那样的现代化概念，而是‘小康之家’。”在此基础上，江泽民明确提出全面建设小康社会的战略部署。江泽民在十五届五中全会上指出：“从新世纪开始，我国将进入全面建设小康社会，加快推进现代化的新的阶段。”[②]小康社会涵盖了社会生活的方

① 江泽民：《江泽民文选》第3卷，人民出版社2006年版，第550页。

② 中共中央文献研究室编：《十五大以来重要文献选编》中，人民出版社2001年版，第1369页。

方面面，不仅包括物质生活水平的提高，还包括政治、经济、文化、科技、法制、道德、环境等方面的协调发展。江泽民在党的十六大报告中明确指出："必须看到，我国正处于并将长期处于社会主义初级阶段，现在达到的小康还是低水平的、不全面的、发展很不平衡的小康。"[①]这表明，我们实现小康社会还有很长的路要走，我国生产力和科技、教育还比较落后，工业化和现代化发展任重道远，巩固和提高目前达到的小康水平，还需要长时间的艰苦奋斗。因此，江泽民提出全面建设小康社会是党在新世纪新阶段的奋斗目标，要以经济建设为中心，推进中国特色社会主义经济、政治、文化全面发展；提出"我们要在本世纪头二十年，集中力量，全面建设惠及十几亿人口的更高水平的小康社会，使经济更加发展、民主更加健全、科教更加进步、文化更加繁荣、社会更加和谐、人民生活更加殷实"[②]；到本世纪中叶把我国建成富强民主文明的社会主义现代化国家。

为实现全面建设小康社会的目标，我们要在优化结构和提高效益的基础上，基本实现工业化，建成完善的社会主义市场经济体制和更具活力、更加开放的经济体系。使社会主义民主更加完善，社会主义法制更加完备，依法治国基本方略得到全面落实，人民的政治、经济和文化权益得到切实尊重和保障，使社会秩序良好，人民

① 江泽民：《江泽民文选》第3卷，人民出版社2006年版，第554页。

② 江泽民：《江泽民文选》第3卷，人民出版社2006年版，第554页。

安居乐业；全民族的思想道德素质、科学文化素质和健康素质明显提高，形成比较完善的现代国民教育体系、科技和文化创新体系、全民健身和医疗卫生体系，促进人的全面发展；可持续发展能力不断增强，生态环境得到改善，资源利用效率显著提高，促进人与自然的和谐，推动整个社会走上生产发展、生活富裕、生态良好的文明发展道路。党的十六大确立的全面建设小康社会的目标是中国特色社会主义经济、政治、文化全面发展的目标，符合人民的愿望和我国现代化建设的实际，是以江泽民同志为核心的中央领导集体坚持和践行天下为公思想的有效措施。

（二）以胡锦涛同志为总书记的党中央拓展公道融通的发展路径

新世纪新阶段，以胡锦涛同志为总书记的党中央坚持改革开放路线不动摇，坚持解放思想、实事求是、与时俱进，积极适应时代发展变化，完善社会主义市场经济体制，以科学发展观为指导思想，坚持以人为本，着力解决发展中的深层次问题，正确处理改革、发展、稳定的关系，契合了传统文化天下为公思想中以民为本、执政为民的内容。

“夫民者，万世之本也。”中国共产党作为马克思主义政党具有坚定的人民立场，以胡锦涛同志为总书记的党中央立足社会主义初级阶段的基本国情，致力于解决我国人口多、底子薄、城乡区域发展不平衡、生产力不发达的实际，总结我国发展实践，借鉴国外发展经验，适应新的发展要求提出科学发展观。科学发展观强调发展是第一要义，这是基于人民过上美好生活的深切愿望，基于履行党的执政使命作出的重要结论，也是一个马克思主义政党在执政以后首先需要解决的重要问题。此外，胡锦涛还强调发展是又好又快的发展，要努力实现以人为本、全面协调可持续的科学发展。

科学发展观的核心是以人为本。解放全人类，实现人的解放和人自由而全面的发展，是马克思主义关于人类社会进步的最高价值追求，中国传统文化中的天下为公思想同样坚持以民为本，两者的宗旨要义不谋而合、异曲同工。科学发展观进一步明确了人民的地位，明确了以人为本是社会主义社会公平的根本价值准则，人的自由全面发展是社会公平的最高目标。以人为本准确回答了发展为了谁、发展依靠谁、发展成果由谁共享的问题。科学发展观提出以人为本“就是坚持全心全意为人民服务，立党为公、执政为民，始终把最广大人民根本利益作为党和国家工作的根本出发点和落脚点，坚持尊重社会发展规律和尊重人民历史主体地位的一致性，坚持为崇高理想奋斗和为最广大人民谋利益的一致性，坚持完成党的各项工作和实现人民利益的一致性，坚持发展为了人民、发展依靠人民、发展成果由人民共享”①。科学发展观始终站在最广大人民群众的立场上，致力于实现人的自由而全面的发展，是新世纪以胡锦涛同志为总书记的党中央对天下为公思想作出的新解释。科学发展观作为中国特色社会主义理论体系的重要组成部分，科学回答了“实现什

① 胡锦涛：《胡锦涛文选》第3卷，人民出版社2016年版，第4页。

么样的发展，怎样发展”的问题。以胡锦涛同志为总书记的党中央将天下为公的责任和使命贯穿于科学发展观、全面建设小康社会等重大战略思想的始终，深化了对中国特色社会主义理论的认识，是对中国共产党践行天下为公宗旨的理论创新。

韩非子在《韩非子·解者》中讲“公心不偏党也”，这里的“公”指中正且没有偏向。孙中山的天下为公思想中，“公”指的是民主、公平正义。中国共产党创造性地批判和吸收不同阶层的天下为公思想，代表最广大人民的根本利益，切实保障实现社会公平，坚持立党为公，执政为民，致力于实现社会主义社会的公平建设。胡锦涛指出：“维护和实现社会公平正义，涉及最广大人民的根本利益，是我们党坚持立党为公，执政为民的必然要求，也是我国社会主义制度的本质要求”①，“我们所要建设的社会主义和谐社会，应该是民主法治、公平正义、诚信友爱、充满活力、安定有序、人与自然和谐相处的社会”②。我们党提出“公平正义是中国特色社会主义的内在要求”，将实现社会公平与中国特色社会主义制度紧密联系，这是对天下为公理想的当代诠释和践行，是中国特色社会主义道路蕴含的价值彰显。

只有推动经济继续健康发展，才能筑牢国家繁荣富强、人民幸福安康、社会和谐稳定的物质基础。以胡锦涛同志为总书记的党中央在新世纪坚持走新型工业化道路，全面深化经济体制改革，重点

① 胡锦涛：《胡锦涛文选》第2卷，人民出版社2016年版，第291页。

② 胡锦涛：《胡锦涛文选》第2卷，人民出版社2016年版，第285页。

把握经济体制改革的核心问题即处理好政府和市场的关系问题；尊重市场规律，更好发挥政府作用，加快完善社会主义市场经济体制，加快转变经济发展方式，推进经济结构战略性调整，推动城乡发展一体化。不断深化分配制度改革，正确处理效率与公平的关系，胡锦涛在党的十八大报告中指出："初次分配和再分配都要兼顾效率和公平，再分配更加注重公平。"效率是实现社会公平的基础，没有效率，社会公平就成了无本之木。社会公平是效率提高的保障，社会公平可以极大地调动人民的生产积极性和主动性，有利于促进效率提高，我们党从原先的注重效率转向更加注重公平，践行天下为公思想，缩小贫富差距，实现物质资料全面共享。

政治体制改革是深化经济体制改革的客观要求，在政治体制改革方面，胡锦涛指出："政治体制改革作为我国全面改革的重要组成部分，必须随着经济社会发展而不断深化，与人民政治参与积极性不断提高相适应。"[①]保证人民当家作主，扩大社会主义民主，发展社会主义政治文明，充分说明社会主义是人民当家作主的社会，是充分享有民主政治权利的社会。以胡锦涛同志为总书记的党中央为政治体制改革指出方向，努力完善中国特色社会主义各项民主政治制度，完善党的领导方式和执政方式，深化行政管理体制改革，积极推进司法体制改革，推进人事干部制度改革。社会体制改革覆盖

① 本书编写组：《中国共产党第十七次全国代表大会文件汇编》，人民出版社2007年版，第27页。

面最广，涉及人民群众最关心最直接的现实问题，要在社会保障中实现人民的权利公平和机会公平，就要破除社会保障中的身份差别、地区差别，建立全国统一的覆盖城乡居民的社会保障制度，为全体社会成员提供平等的待遇。胡锦涛多次强调，要在改善民生和创新管理中加强社会建设，重视和加快推进社会体制改革。“要多谋民生之利，多解民生之忧，解决好人民最关心最直接最现实的利益问题，在学有所教、劳有所得、病有所医、老有所养、住有所居上持续取得新进展，努力让人民过上更好生活。”[①]坚持全覆盖、保基本、多层次、可持续方针，增强公平性、缩小城乡差距，争取全面建成覆盖城乡居民的社会保障体系，保障和改善民生。

实现社会和谐、人民安居乐业必须正确处理改革、发展、稳定的关系，为经济社会发展营造安定和谐的局面。以胡锦涛同志为总书记的党中央强调“必须把促进改革发展同保持社会稳定结合起来，坚持改革力度、发展速度、社会可承受程度的统一，确保社会安定团结、和谐稳定”[②]。“新世纪新阶段，党中央抓住重要战略机遇期，在全面建设小康社会进程中推进实践创新、理论创新、制度创新，强调坚持以人为本、全面协调可持续发展，提出构建社会主义和谐社会、加快生态文明建设”[③]，着力保障和改善民生，促进社会公平正义，推动建设和谐世界。在全面建设小康社会方面，以胡锦涛同

① 胡锦涛：《胡锦涛文选》第3卷，人民出版社2016年版，第640页。
② 胡锦涛：《胡锦涛文选》第3卷，人民出版社2016年版，第167页。
③ 胡锦涛：《胡锦涛文选》第3卷，人民出版社2016年版，第621页。

志为总书记的党中央根据我国经济社会发展实际，在十六大、十七大确立的全面建设小康社会目标的基础上以更大的政治勇气和智慧，不失时机地深化重要领域改革，完善基本经济制度和分配制度。“加快推进社会主义民主政治制度化、规范化、程序化，从各层次各领域扩大公民有序政治参与，实现国家各项工作法治化。”[①]从各领域、各层次加快小康社会建设步伐，把改革创新精神贯彻到治国理政的各个环节，中国共产党在全面建设小康社会进程中迈出了坚实的步伐，积极践行天下为公思想，以科学发展观为指导，坚持改革创新，不断拓展公道融通的实现路径。

（三）公道融通的创新探索为新时代发展提供经验与借鉴

古往今来，人们之所以重视对“公”的研究，并将“公”作为为人处世的基本美德与向往追求，源于它在人类社会历史上对于调节和维系人际关系，维护和稳定社会生产生活秩序方面的特殊道德价值。“公”的理念与马克思主义的核心价值追求相契合，为历代中国共产党人所继承和发展。毛泽东的公正平等观形成于争取民族独立的战争年代和计划经济的建设时期；改革开放以来，中国共产党领导中国人民在社会主义现代化建设的实践中形成了包括邓小平理论、“三个代表”重要思想和科学发展观在内的中国特色社会主义理论体系，走出了一条中国特色社会主义公道融通新路。中国共产党探索

---

① 胡锦涛：《胡锦涛文选》第3卷，人民出版社2016年版，第627页。

公道融通新发展的这一伟大历史过程，具有鲜明的特征，取得了宝贵的历史经验。

中国共产党的社会公正观是一脉相承的科学体系，具有历史继承性、长期艰巨性、与时俱进性、开放包容性等特征。一是中国共产党人对公道融通新发展的历史继承性，不仅体现在对马克思、恩格斯公正思想的全面继承，还体现在毛泽东、邓小平、江泽民、胡锦涛等党和国家领导人对公道追求的一脉相承，同时批判地吸收了中国传统政治文化中的公正平等思想。二是一个国家、一个民族要完全达到公平公正的理想状态，需要付出艰巨的努力。实现社会公平正义是一项长期的历史任务和一个不断发展的历史过程，将贯穿社会发展的全过程。公平正义不可能一蹴而就，我们必须立足国情，尽力而为、量力而行。三是在追求“公”的问题上，在新中国成立后很长一段时间内，我们在苏联教条主义和中国传统平均主义的双重影响下形成了绝对平均主义，在实践中遭遇挫折。随着改革开放的深入，对“公”的认识不断深化，如改革开放初期更多关注经济领域的公平，其后逐步扩展到政治、文化和社会领域，不仅关注起点公平、机会公平，还关注过程公平、结果公平等。四是中国共产党人对公道的追求始终保持着一种开放包容的状态，与人民群众的利益要求相适应，此外还注重吸收其他国家和民族在追求公道过程中取得的珍贵经验或教训启示。

中国共产党在实现公道融通新发展的过程中积累了经验，为开创新时代中国特色社会主义崭新局面提供了借鉴。一是坚持党的领导和社会主义方向。公道融通的理论和实践并不是单纯的学术性研究或者事务性工作，而是深深影响着党和国家与民族前途命运的战略性任务。因此，经济上要坚持社会主义公有制，要为解放和发展生产力、最终实现共同富裕服务。政治上要坚持社会主义民主政治。各国家机关、社会团体以及公民个人要在社会主义宪法和法律框架内展开活动。二是注意加强理论研究，批判吸收其他文化中的公平正义思想。马克思主义从社会生活的各种领域划分出经济领域，从一切社会关系中划分出生产关系，揭示人类社会发展规律，我们在理解生产力与生产关系的辩证关系、经济基础与上层建筑的辩证关系时，既要看到生产力、经济基础分别对于生产关系、上层建筑的决定作用，也要关注生产关系和上层建筑的反作用。与此同时，西方文化对公平正义也是相当重视的，实现公道融通，需要以开放的心态、批判的原则，汲取一切文明精华。三是注意改善民生。公道是与利益联系在一起的，抛开利益也就无所谓公道。寻求公道融通，一定要建立在为最广大人民群众争取最大利益的基础上，不能成为空谈的正义观。在一段时期内，我们比较注重保护和发挥人民群众建设社会主义的积极性，但在实际工作中却过于强调人的主观能动性，一定程度上忽视了群众的物质利益，造成了消极后果。四是加强制度建设。在寻求公道融通的过程中，制度建设曾是个薄弱环节，群众反映强烈的社会中的非公平正义问题，或多或少与制度建设欠缺有关。制度具有根本性、全局性、稳定性和长期性，历史和实践反复证明，没有一套系统的制度、形式和程序来保证，公道融通难以真正实现。

综上所述，新中国成立以来尤其是改革开放以来，我们党对实现公道融通的认识日益清晰和科学，对公道融通的实践日渐丰富和有效，为我们党在新时代坚持和完善中国特色社会主义，坚持人民至上的服务理念，实现新时代的公道融通新途径提供了坚实的物质基础、政治保障和文化支撑。

第五章　大道之行的时代新局

在当代中国，大道之行，就是坚持走中国特色社会主义的康庄大道；天下为公，就是要坚持以人民为中心。中国特色社会主义进入新时代，这条康庄大道更加宽阔、更加清晰。习近平新时代中国特色社会主义思想践行天下为公理念，使中华民族的传统追求与马克思主义的终极理想在新的时代真正实现了融会贯通。

一、中国特色社会主义进入新时代

2012年10月，随着中国共产党第十八次全国代表大会的召开，我国开始在以习近平同志为核心的党中央领导下全面推进社会主义现代化建设。从这时起直至十九大召开，党和国家经历了极不平凡的五年发展，取得了改革开放和社会主义现代化建设的历史性成就。中国共产党团结带领全国各族人民不懈奋斗，推动我国经济实力、科技实力、国防实力、综合实力进入世界前列，推动我国国际地位实现前所未有的提升，党的面貌、国家的面貌、人民的面貌、中华民族的面貌发生了前所未有的变化，中华民族正以崭新姿态屹立于世界的东方。由此，中国特色社会主义进入了新时代，中国特色社会主义发展道路迎来了更加宽广、更加光明的时代新局。

（一）大道之行新的历史起点

中国特色社会主义进入新时代，是以习近平同志为核心的党中央给中国特色社会主义新的历史阶段作出的精准界定，高度概括了中国特色社会主义发展到今天的时代特征，指明了当代中国新的历史定位。新时代的到来，是建立在改革开放四十年来取得的辉煌成就基础上的。1978年召开的十一届三中全会实现了新中国成立以来党的重大历史性转折，开启了我国改革开放的历史新时期，使我国进入经济社会快速发展、迅速摆脱贫困落后面貌的重要发展阶段。在这四十年时间里，中国始终坚持以经济建设为中心，大力革除生产关系中的不合理因素，极大地解放了社会生产力，社会经济持续高速发展。中国的GDP总量从1978年的3678亿元增长到2017年的80万亿元，经济总量稳居世界第二位，对世界经济贡献率超过30%，小康社会即将全面建成，人民生活水平显著提高。这为广大人民树立了道路自信、理论自信、制度自信、文化自信，中国特色社会主义更加为人民所信服。

对新时代的这一历史定位，是基于对我国社会主要矛盾发生重大变化的洞悉而得出的。在党的十九大报告中，习近平重新定位了我国社会主义所处的发展方位，也重新界定了我国社会的主要矛盾。

从“人民日益增长的物质文化需要同落后的社会生产之间的矛盾”到“人民日益增长的美好生活需要和不平衡不充分的发展之间的矛盾”，[①]这是在对我国社会发展各项指标和国家综合实力进行通盘考察的基础上提出的新论断。一方面，生产力实现了巨大提升，科技创新能力日新月异。中国制造业涌现出一大批如天宫、蛟龙、天眼等代表先进生产力发展水平的高精尖科技创新成果，并被广泛应用于科研、军事、民生等各个领域，“落后的社会生产”与当前的社会实际格格不入。另一方面，伴随着人民生活水平整体提高，个体的需要层次也在不断提升。改革开放以来，我国人民生活水平不断迈上新台阶，人均国内生产总值从1978年的385元增长到2017年的59660元，年均增长约9.5%，已经达到中等偏上收入国家水平；城镇居民人均可支配收入和农村居民人均可支配收入分别从1978年的343.4元、133.6元提高到2017年的36396元、13432元；农村贫困发生率从1978年的97.5%大幅下降到2017年的3.1%以下，远低于世界平均水平；居民受教育程度不断提高，九年义务教育全面普及，高等教育毛入学率2017年达到45.7%，高出世界平均水平近10个百分点；城乡居民健康状况显著改善，居民平均预期寿命2017年达到76.7岁，高于世界平均水平；社会保障水平极大提高，覆盖城乡的社会保障体系基本建立，其他方面的民生保障也有显著改善。

---

① 本书编写组：《中国共产党第十九次全国代表大会文件汇编》，人民出版社2017年版，第9页。

随着小康社会全面建成的目标渐近达成，人们的需求早已超越“经济”“文化”两个传统领域，在民主、法治、公平、正义、安全、环境等方面的要求日益增长。“人民日益增长的物质文化需要同落后的社会生产之间的矛盾”已无法表征当前社会的真实状况，主要矛盾发生转化成为客观事实。

但是在看到这些骄人成绩的同时，以习近平同志为核心的党中央也清醒地认识到，走过了几十年改革开放历程的中国，在继续前行的道路上，正面临着内生动力不足，积极性和热情有所丧失等问题。正如习近平所指出的：“改革开放越往纵深发展，发展中的问题和发展后的问题、一般矛盾和深层次矛盾、有待完成的任务和新提出的任务越交织叠加、错综复杂。改革开放中的矛盾只能用改革开放的办法来解决。”[①]在这种形势下，以习近平同志为核心的党中央，凭着“泰山崩于前而色不变”的巨大政治勇气和强烈的责任担当，提出一系列新理念新思想新战略，出台一系列重大方针政策，推出一系列重大举措，推进一系列重大工作，以抓铁有痕、踏石留印的韧劲，盯着问题抓落实。他以柔克刚、顺势而为、借力打力，运筹于帷幄之中，决策于千里之外，治大国如烹小鲜，解决了许多长期想解决而没有解决的难题，办成了许多过去想办而没有办成的大事，推动党和国家事业发生历史性变革。成就是全方位的、开创性的，

① 习近平：《在第十八届中央政治局第二次集体学习时的讲话》，选自中共中央文献研究室编：《习近平关于全面深化改革论述摘编》，中央文献出版社2014年版，第4页。

变革是深层次的、根本性的。一方面体现在社会经济持续发展、人民生活水平大幅提高等这些传统意义上的富国强民上，另一方面更体现在国家治理体系和治理能力进一步现代化、文化软实力显著提高、民主法治建设进展迅速、生态文明建设初见成效等符合当代世界先进文明发展潮流和人民根本期待的重大进步上。这两个方向相互依托、相辅相成，构成了一个有机整体。

发展依然是党执政兴国的第一要务，以经济建设为中心依然是必须坚持的基本国策，这是推动下一步深化改革的重要基础性力量，正所谓“手中有粮，心里不慌”；但同时要看到，以往单纯地发展生产力与增进人民福祉之间并不能直接等同，在有些情况下，盲目的、一味求多求快的发展理念甚至会背离人民的需求，如前些年个别地区盛行的“唯GDP论”就是如此。新一代领导人已经清醒地认识到，传统的发展模式、单一的发展思路、片面的发展理念在当代世界是难以为继的，要想让中国这艘巨轮平稳持续航行，就必须把眼光放得更长、更宽，审视中国当下发生的深层次变化，由此展开针对性和前瞻性的新一轮改革。时下推动的供给侧结构性改革，把握经济发展新常态，推广新发展理念，就是对这一发展思路的拓展延伸。

国际上，“一带一路”倡议，和平发展，互联互通，推动构建人类命运共同体，打破了美元的霸权地位；掌握朝鲜半岛、东海南海形势的主动权，改变了因曲解“主权在我、搁置争议、共同开发、韬光养晦、绝不当头”造成的软弱可欺的局面，令全世界刮目相看。

国内强调全面从严治党，勇于面对党内存在的突出问题，正风肃纪、反腐惩恶，消除了党和国家内部存在的严重隐患，十八大至今落马的大贪巨贪超过了几十年的总和，并且还要继续深入彻底反腐，“不反腐就要亡党，反腐就要亡国”的两难选择已被打破，党内政治生活气象更新，党内政治生态明显好转，党在革命性锻造中更加坚强；强调全面协调发展，保护环境，不吃祖宗饭、断子孙路，不用破坏性方式搞发展，“绿水青山就是金山银山”，提出“房子是用来住的、不是用来炒的”，把改善民生、共同富裕摆在了首要位置；强调马克思主义和共产主义信念，率领全军从古田再出发，夺回并牢牢控制了意识形态主动权，使全党、全军、全国人民看到了希望，使新时代名副其实地带来了新光明、新气象。

由此可以看出，作出中国特色社会主义进入新时代这一重大政治论断，符合中国当前发展的实际情况，是改革开放以来我国社会发展进步的必然结果，是我国社会主要矛盾运动的必然结果，也是党和国家确立下一阶段指导思想和方针政策的重要抓手。用新时代界定当前我国发展新的历史方位，将使我国的社会发展思路更加清晰，人民参与社会主义现代化建设的积极性更加强烈，从而在新的起点上沿着中国特色社会主义道路阔步前行。正如十九大报告所指出的：大道之行，天下为公。站立在九百六十多万平方公里的广袤土地上，吸吮着五千多年中华民族漫长奋斗积累的文化养分，拥有十三亿多中国人民聚合的磅礴之力，我们走中国特色社会主义道路，具有无比广阔的时代舞台，具有无比深厚的历史底蕴，具有无比强大的前进定力。

（二）承前启后的里程碑

中国特色社会主义进入新时代，是改革开放取得重大阶段性胜利的标志，是社会主义现代化之路上一个非常重要的里程碑，既具有丰富厚重的思想内涵、实践内涵和历史内涵，又具有非常鲜明的时代意义和现实意义，可以说即使放在整个中国历史中也是浓墨重彩的一笔。正如习近平总书记在纪念孙中山先生诞辰150周年大会上所说："我们比历史上任何时期都更接近中华民族伟大复兴的目标，比历史上任何时期都更有信心、有能力实现这个目标。"[①]新时代的到来，使中国朝着民族复兴的目标靠近了一大步，也使得天下为公真正具备了逐步实现的可能性。

新时代的到来，标志着我国广大人民终于告别了以往那种物资匮乏、基本生存需求难以全面满足的局面，终于有条件追求更高品质的生活，实现更高远的追求。纵观我国历史，即使是如文景之治、贞观之治这样封建时代的太平盛世，也仅仅是保证大体上的局势稳定，不至于出现大规模的人道主义危机，但广大人民仍处在被剥削压迫的境地，大多数人仍然在生存线上挣扎着。自被打开国门的近

① 习近平：《在纪念孙中山先生诞辰150周年大会上的讲话》，载于《人民日报》2016年11月12日。

代以来，更是生灵涂炭、民不聊生，纵有诸如民国时期所谓的“黄金十年”，也不过是东南沿海地区轻工业小范围繁荣的昙花一现，绝大多数人民群众仍处在水深火热的苦难中。新中国的成立使我们实现了政治上的独立自主，中国人开始在国际上挺直了腰杆，但一穷二白的起点、百废待兴的民族经济迫使我国长期以来只能对于各种基本需求品实行配额销售，人民日益增长的物质文化需要始终得不到充分满足，直到伴随着改革开放带来的生产力大发展，这个问题才得以在近年来得到基本解决。因此，站在这个角度来看，新时代的到来可谓意义非凡，它就像一面胜利的旗帜，彰显着中国特色社会主义道路的伟大成功。

新时代的到来，还标志着党和国家的工作重点由点到面、由表及里、由当下到千秋万代的伟大转变。新时代要从实质上转变发展思路，既面临难得的机遇，又面临严峻的挑战和问题，不啻一场伟大的社会革命，其中避不开这样几个方面：首先，发展依然是我们的第一要务。没有发展就没有社会主义的未来，继续推进社会革命也会落空。但实现高质量发展，推动经济发展质量变革、效率变革、动力变革，建设现代化经济体系，既面临着旧的发展思想观念和发展方式的制约，又面临着创新不足的制约。其次，保持中国共产党的红色政权不变色、中国特色社会主义的社会主义属性不变质，既面临外部的威胁，又面临内部的危险。最后，民心是最大的政治，正义是最强的力量。得民心者得天下，中国革命的胜利是最广大人民群众支持的结果，密切联系群众是我们党最大的政治优势，但执政后党最大的危险是脱离群众。始终赢得群众的衷心拥护，是推进伟大社会革命继续胜利的根本。因此，要继续推进新时代的伟大社会革命，就要一以贯之坚持和发展中国特色社会主义，一以贯之推进党的建设新的伟大工程，一以贯之增强忧患意识、防范风险挑战。

新时代的到来，更是为广大同样试图走上民族振兴的发展中国家指出了明路。纵观发展中国家走向现代化的历程，许多国家都在东欧剧变之后因循西方发达国家现代化路径，甚至不顾本国具体国情，盲目移植西方现代化模式，使众多发展中国家陷入“现代化困境”：经济发展长期停滞，社会动荡，政局不稳，与现代化渐行渐远。拥抱“民主化浪潮”的诸多发展中国家，原本具有适合本国国情的政治、经济和社会制度，政局稳定，社会安宁，却因照抄照搬西方经验和模式，从西方发达国家搬来所谓现代化标识的民主“飞来峰”，遭遇“水土不服”，陷入国家治理低效失效、经济社会发展停滞、民不聊生的困境。一些“被民主化”的发展中国家，更是被“民主”搅得政局动荡，经济坠崖式滑落，社会发展水平远不如“前民主化”时期，见证了西式民主在发展中国家的无用性、破坏性。2011年以来波及整个西亚北非的颜色革命“阿拉伯之春”就是这样的一个鲜明写照，原本富足和平的利比亚、叙利亚等国，现在都已经因为颜色革命变得四分五裂、千疮百孔，甚至成为西方大国彰显力量存在的角斗场。事实再清楚不过地表明，亦步亦趋走西方现代化道路并不能包治百病，天下同归而殊途。正如习近平总书记指出的："治理一个国家，推动一个国家实现现代化，并不只有西方制度模式这一条道，各国完全可以走出自己的道路来。"[①]中国作为世界最大的发展中国家，与广大发展中国家一样都有着被侵略被奴役的过去，都经历过经济文化十分落后的发展阶段，都具有实现现代化的强烈愿望和价值追求。中国特色社会主义使中国迅速发展起来并成功进入新时代，提供了后发国家和平兴起的典型范例，向世界展现了现代化道路的多样性、人类文明的丰富性。中国特色社会主义是典型的发展中国家道路、理论、制度和文化形态，对发展中国家具有很强的借鉴意义。

新时代的到来伴随着一个划时代的思想成果，这就是习近平新时代中国特色社会主义思想。党的十八大以来，以习近平同志为核心的党中央在统揽伟大斗争、伟大工程、伟大事业、伟大梦想的生动实践中，从理论和实践结合上系统地回答了新时代坚持和发展什么样的中国特色社会主义、怎样坚持和发展中国特色社会主义等基本问题，进一步找到了马克思主义与新时代中国特色社会主义道路有机结合的时代路径，形成了习近平新时代中国特色社会主义思想，把马克思主义中国化的伟大进程，再次推向新的理论高度和新的思想境界。这一马克思主义中国化的最新理论成果，明确了坚持和发展中国特色社会主义的总任务、新时代中国社会的主要矛盾、中国

---

① 习近平：《完善和发展中国特色社会主义制度　推进国家治理体系和治理能力现代化》，载于《人民日报》2014年2月18日。

特色社会主义的最本质特征以及内政外交国防、治党治国治军等的丰富内涵和基本方略。这是我们党发展到今天收获的又一笔极为珍贵的思想财富，贯穿着新时代天下为公思想的基本要义，是新时代到来之际最鲜明的思想符号，如灯塔一般照亮我们前进的方向。

总之，中国特色社会主义进入新时代，意义非常重大。它意味着近代以来久经磨难的中华民族迎来了从站起来、富起来到强起来的伟大飞跃，意味着我国发展站到了新的历史起点，达到新的历史方位。如果说改革开放以来开启的中国特色社会主义是篇贯穿世纪发展的大文章，经过几十年奋斗，已谱写了它的上篇，那么党的十九大以来开启的新时代，则在续写它的下篇。作为反映这个新时代要求的理论成果，就是形成了习近平新时代中国特色社会主义思想。如果说新时代承前启后、继往开来，是决胜全面建成小康社会、进而全面建设社会主义现代化强国的时代，那么习近平新时代中国特色社会主义思想就是承前启后、继往开来，为决胜全面建成小康社会、进而全面建设社会主义现代化强国的指导思想。这个新的指导思想，是对中国特色社会主义进入新时代的新实践经验的科学概括，是对这些年来以习近平同志为核心的党中央治党治国治军提出的一系列新理念新思想新战略的理论总结。它紧密结合新的时代特点和实践要求，以全新的视野深化、丰富和发展了对共产党执政规律、社会主义建设规律、人类社会发展规律的认识，开拓了马克思主义理论的新境界。在这一思想指引下奋发前行的新时代，当之无愧地成为中华民族伟大复兴光辉历程中的一个承前启后的里程碑。

二、中国梦赓续大同理想

《礼记·礼运篇》汇合孔子“有道”、墨子“尚同”、老子“小国寡民”等诸子百家的思想主张，正式阐述了大同理想。这一理想，蕴含着中华民族的价值追求和伦理原则，契合人性尊严和德性教化的人文逻辑，彰显了心怀天下的宽广胸襟，是先进的中国人孜孜以求的梦想。2012年11月，在参观“复兴之路”主题展览时，习近平总书记指出：“实现中华民族伟大复兴，就是中华民族近代以来最伟大的梦想。”[①]2013年3月，他在第十二届全国人大第一次会议上进一步明确“实现中华民族伟大复兴的中国梦，就是要实现国家富强、民族振兴、人民幸福”，强调“实现中国梦必须走中国道路”“实现中国梦必须弘扬中国精神”“实现中国梦必须凝聚中国力量”。[②]这些重要论述，内涵深刻，贯通历史、现实和未来。可以说，中国梦既传承大同理想的精神内核，又在基本内涵、实践路径、价值诉求等方面创新发展，对于赓续大同理想具有重要理论意义、实践意义和历史意义。

---

① 习近平：《习近平谈治国理政》第1卷，外文出版社2018年版，第36页。

② 习近平：《习近平谈治国理政》第1卷，外文出版社2018年版，第39—40页。

(一)中国梦的基本内涵

1.国家富强是中国梦的重要前提

“弱国无外交”“落后就要挨打”，是历史的深刻教训。鸦片战争后，中国日益沦为半殖民地半封建社会。争取民族独立、人民解放和实现国家富强、人民幸福，成为近代中国的两大历史任务。无数中国人前仆后继探索救国救民道路，但均已失败告终。“自从有了中国共产党，中国革命的面目就焕然一新了。”[①]九十多年来，中国共产党秉承“为中国人民谋幸福，为中华民族谋复兴”[②]的初心和使命，紧紧依靠人民，完成了新民主主义革命，建立了新中国，实现了中国从几千年封建专制统治向人民民主专政的伟大飞跃；完成了社会主义革命，推进了社会主义建设，实现了中华民族由不断衰落到根本扭转命运、持续走向繁荣富强的伟大飞跃；进行了改革开放新的伟大革命，开创、坚持和发展了中国特色社会主义。党的十八大以来，面对世界经济复苏乏力、局部动荡、全球性问题加剧的外部环境，面对我国经济社会发展新形势新挑战，以习近平同志为核心的党中央统筹国际国内两个市场、两种资源，适应新常态、把握新常态、引领新常态，不断提升发展质量和发展效益，蹄疾步稳全面深化改革，大力推进科技创新，坚定不移走中国特色强军之路，

---

① 毛泽东：《毛泽东选集》第4卷，人民出版社1991年版，第1357页。

② 本书编写组：《中国共产党第十九次全国代表大会文件汇编》，人民出版社2017年版，第1页。

“中华民族迎来了从站起来、富起来到强起来的伟大飞跃，迎来了实现中华民族伟大复兴的光明前景”[①]。

历史和现实一再证明，国家富强是社会安定和谐、人民幸福美满的根本保障，也是实现中华民族伟大复兴的中国梦的重要前提。

2.民族振兴是中国梦的根本要求

中华民族具有五千多年连绵不断的文明历史，曾长期在经济、文化、科技等领域处于世界领先地位，对人类文明进步作出了不可磨灭的功绩，为世界和平发展贡献了智慧和力量。但自明清以来，封建的旧中国实行闭关锁国政策，中国几次与世界发展机遇失之交臂，错过了主动融入世界科技革命大潮的机会。随着列强入侵，落后腐朽的封建专制制度在西方列强坚船利炮之下不堪一击，中华民族陷入战乱频仍、民不聊生的苦难境地。为实现民族振兴，无数仁人志士艰辛探索，但终究未能改变旧中国的社会性质和人民的悲惨命运。新中国的成立，是近代以来中华民族第一次真正意义上屹立于世界民族之林，开启了民族振兴的新篇章。

“实现中华民族伟大复兴是海内外中华儿女共同的梦。”[②]我国是统一的多民族国家，一部中华民族史就是一部各民族团结奋进、同心筑梦的历史。中国梦所强调的民族振兴，既不是复古梦，不能退回封闭僵化的老路；也不是排外梦，不认可“国强必霸”的陈旧逻

① 本书编写组：《中国共产党第十九次全国代表大会文件汇编》，人民出版社2017年版，第8页。

② 习近平：《习近平谈治国理政》第1卷，外文出版社2018年版，第63页。

辑；更不是狭隘的民族主义之梦。作为中国梦的基本内涵和重要前提，民族振兴不仅包括经济、军事的振兴，而且包括文化、国际影响力的振兴及国民素质的提升。中华民族振兴，一方面，可以全方位展示中华民族追梦的优秀传统和伟大成就，有助于凝聚和提升中华儿女实现中国梦的信心；另一方面，奠定了我国建成富强民主文明和谐美丽的社会主义现代化强国的雄厚基础，是政治现代化的应有之义。

3.人民幸福是中国梦的价值归宿

国家富强、民族振兴、人民幸福，三者紧密联系、不可分割，共同构成中国梦的核心内容。但从最终意义上讲，国家富强、民族振兴必须以人民幸福为基本标准。正是基于这样的逻辑，习近平总书记特别强调："中国梦归根到底是人民的梦，必须紧紧依靠人民来实现，必须不断为人民造福。"[①]

首先，中国梦是人民的历史选择。人民是社会物质财富、精神财富的创造者，是社会变革的决定力量。中国梦是人民在创造财富、缔造社会历史的过程中形成的，是当代中华民族拼搏奋斗的最大公约数，是近代以来亿万中国人民梦寐以求的美好生活。其次，人民是实现中国梦的主体力量。"中国梦是民族的梦，也是每个中国人的梦。"[②]确证人民对中国梦的主体作用，从本质上反映了马克思主义

① 习近平：《习近平谈治国理政》第1卷，外文出版社2018年版，第40页。

② 习近平：《习近平谈治国理政》第1卷，外文出版社2018年版，第40页。

历史唯物主义的基本立场。这里所说的人民，既包括作为最广大人民群众这一整体范畴的人民，也包括个体的人。只有将人民追求与民族梦想、国家梦想融为一体，才能在共建共享中真正实现个人价值。因此，习近平总书记也特别指出："国家好、民族好，大家才会好。只有每个人都为美好梦想而奋斗，才能汇聚起实现中国梦的磅礴力量。"[①]再次，中国梦必须造福人民。坚持以人民为中心的发展思想，不断促进人的全面发展、全体人民共同富裕，是中国梦的内在要求。中国梦不仅是国家富强、民族振兴之梦，更是人民追求幸福生活、实现幸福生活之梦。

（二）中国梦对大同理想的继承和发展

中国梦是对大同理想的继承和发展。就继承而言，第一，中国梦继承了大同理想注重民生的思想。儒家历来强调"以民为本""民贵君轻"，主张"见利思义""以义导利"，重视人民合理的利益尤其是物质利益需求。中国梦继承大同理想优秀价值因子，坚持以人民为中心的发展理念，把实现好、维护好、发展好最广大人民的根本利益作为出发点和落脚点。第二，中国梦继承了大同理想的天下思想。大同理想突破自然疆域界限，把"为公"视作治理天下、顺应民心的基本前提，以天下不同民族、国家和谐相处、共同发展为基本目标。在奋力实现中国梦的过程中，中国共产党将国家富强、民

① 习近平：《习近平谈治国理政》第1卷，外文出版社2018年版，第49页。

族振兴、人民幸福同世界各国人民的美好生活追求关联汇通，彰显了为人类谋幸福的世界情怀。

就发展而言，中国梦对大同理想的超越主要表现为：

1.在目标设定上，中国梦强调“三位一体”，丰富了大同理想的基本内涵

《礼记·礼运篇》首次较为系统地阐述了大同理想，强调“大道之行也，天下为公，选贤与能，讲信修睦。故人不独亲其亲，不独子其子。使老有所终，壮有所用，幼有所长，矜寡孤独废疾者，皆有所养。男有分，女有归。货恶其弃于地也，不必藏于己；力恶其不出于身也，不必为己。是故谋闭而不兴，盗窃乱贼而不作。故外户而不闭，是谓大同”。它把诚信推崇到儒家追求人生终极目标的高度，更侧重伦理道德、社会秩序的描述，是儒家代表在礼崩乐坏、山河破碎的背景下阐发的社会理想，内涵相对单一。与传统农耕文明中产生的大同理想相比，中国梦以中国特色社会主义实践为基础，是国家、民族、人民三位一体的梦想，是经济全球化历史语境下谋求中华民族伟大复兴的当代表达。

中国梦有三个层面的基本目标，即国家富强、民族振兴和人民幸福。因此，中国梦既是国家的强国梦、民族的振兴梦，也是每个中国人实实在在的个人梦想，这就把国家利益、民族利益和个人利益紧密联系为一个“命运共同体”，体现了推动国家发展与坚持以人民为中心的发展思想的有机融合，深化了中国特色社会主义本质属性和根本原则的认识。此外，中国梦的眼界更加开阔，强调这是国

家的梦、民族的梦，也是每个中华儿女的梦，“既是中国人民追求幸福的梦，也同各国人民追求幸福的梦想相通”[1]。

2.在方案选择上，中国梦强调“三个必须”，拓展了大同理想的实践路径

儒家所憧憬的大同理想，倡导社会成员之间消除隔阂、团结互助、真诚友爱，主张通过个人的“修、齐、治、平”实现“圣人”的理想人格。可以说，这些宝贵思想，反映了传统条件下中华民族对未来理想社会和美好生活的展望和期盼，具有积极合理的成分。但是，由于大同理想不具备现实的经济和社会条件，又不能明确达至这一向往的领导力量、阶级基础和实现路径，因而带有朴素的理想主义色彩，在封建社会并不具备实现的可能。

中国梦不是单纯的经济目标，而是包含政治、文化、社会等方面内容的伟大梦想。中国梦不仅具有广泛的社会共识和价值认同，而且具有切实可行的实施路径。中国梦把中国道路、中国精神和中国力量紧密关联，为实现中国梦指明了具体道路、精神支撑和动力源泉。第一，“实现中国梦必须走中国道路”[2]。这就必须坚定不移走中国特色社会主义道路。这条道路具有深厚的历史渊源和广泛的现实基础，是党和人民历经千辛万苦探索出来的。实践证明，中国特色社会主义道路是适合中国国情的发展道路，是“实现社会主义现代化、创造人民

① 习近平：《习近平谈治国理政》第1卷，外文出版社2018年版，第64页。

② 习近平：《习近平谈治国理政》第1卷，外文出版社2018年版，第39页。

美好生活的必由之路”[①]，是实现中华民族伟大复兴的必由之路。第二，“实现中国梦必须弘扬中国精神”[②]。这就必须高扬以爱国主义为核心的民族精神和以改革创新为核心的时代精神，凝魂聚气、强基固本，维系人民团结奋斗的精神纽带，提振全民族的“精气神”，不断聚合起实现中国梦的兴国之魂、强国之魂。第三，“实现中国梦必须凝聚中国力量”[③]。这就必须凝聚起中国各民族大团结的智慧和力量，通过一代又一代中华儿女接力奋斗实现民族复兴的伟大梦想。

3.在价值维度上，中国梦强调“三重诉求”，超越了大同理想的阶级局限

不可否认，《礼记·礼运篇》所描绘的大同理想，超越了特定的历史形态，具有追求人类终极关怀的某些特征。但是，儒家大同理想的出发点和根本目的是为了维护封建统治，因而带有一定的历史和阶级局限性。此外，儒家所设想的大同社会，主张财产共有、平均分配。在生产力极端低下且不顾及生产关系实际的情况下强调“公”和“大同”，因而最终难以走出空想的窠臼，这也是大同理想历经千年而不能实现的重要原因。纵观历史，无论传统社会以“均富贵，等贵贱”“均田免粮”“天下一家、同享太平”等为主要口号的农民起义，还是近代以来封建地主阶级的自强变革，都实现不了大

---

① 本书编写组：《中国共产党第十九次全国代表大会文件汇编》，人民出版社2017年版，第14页。

② 习近平：《习近平谈治国理政》第1卷，外文出版社2018年版，第40页。

③ 习近平：《习近平谈治国理政》第1卷，外文出版社2018年版，第40页。

同理想。对此，毛泽东曾指出："在一个半殖民地的、半封建的、分裂的中国里，要想发展工业，建设国防，福利人民，求得国家的富强，多少年来多少人做过这种梦，但是一概幻灭了。"[①]而只有"经过人民共和国到达社会主义和共产主义，到达阶级的消灭和世界的大同"[②]，才是中国历史发展的必然选择。

中国梦以国家、民族和人民为主体，呈现出多维性、统一性特征，是对儒家大同理想的巨大超越。一方面，中国梦在国家和民族两个价值维度上相互交织，集中反映了近代以来中华民族求新求变的曲折奋斗历程，内在地生成了中国梦价值系统的前提条件，回应了中华民族实现国家富强和民族振兴的夙愿。另一方面，中国梦指向人民的幸福梦。习近平总书记指出："我们的人民热爱生活，期盼有更好的教育、更稳定的工作、更满意的收入、更可靠的社会保障、更高水平的医疗卫生服务、更舒适的居住条件、更优美的环境，期盼孩子们能成长得更好、工作得更好、生活得更好。"[③]这既反映了人民对美好生活的向往，又将中国梦具体化，是中国梦的出发点和落脚点。中国梦的三重价值诉求有机融合、密不可分，共同统一于中国特色社会主义实践之中。

（三）中国梦对大同理想的深远意义

习近平总书记在深情阐述中国梦时指出，中华民族的昨天是

---

① 毛泽东：《毛泽东选集》第3卷，人民出版社1991年版，第1080页。

② 毛泽东：《毛泽东选集》第4卷，人民出版社1991年版，第1471页。

③ 习近平：《习近平谈治国理政》第1卷，外文出版社2018年版，第4页。

“雄关漫道真如铁”，今天是“人间正道是沧桑”，明天是“长风破浪会有时”。他以大跨度的历史纵深视角，揭示了中国梦的缘起、发展和壮丽前景。在党的十九大报告中，他进一步强调“大道之行，天下为公”，指出中国特色社会主义道路具有无比广阔的时代舞台，具有无比深厚的历史底蕴，具有无比强大的前进定力。这既是基于中华民族追求美好理想的回顾与总结，又将中国梦置于中国特色社会主义伟大实践之中，在理论、实践和历史三个向度上将大同理想提升到新的水平。

1.理论意义：彰显了中国共产党人追求大同理想的新境界

与儒家在对社会现实不满基础上“自发”提出大同理想不同，中国梦是习近平总书记立足新的时代条件、顺应人民美好生活期待“自觉”阐发的，体现了将历史与现实、国际与国内、理论与实践相贯通的宽广视野和发展中国特色社会主义的理论自觉，标志着新时代中国共产党人开创了大同理想的新境界。

实现大同理想，不仅是中华民族的梦想追求，也是中国共产党人的奋斗目标。十月革命一声炮响，给我们送来了马克思列宁主义。中国共产党诞生后，“中国人民谋求民族独立、人民解放和国家富强、人民幸福的斗争就有了主心骨，中国人民就从精神上由被动转为主动”①。中国共产党不是僵化封闭的教条主义者，而是将马

① 本书编写组：《中国共产党第十九次全国代表大会文件汇编》，人民出版社2017年版，第11页。

克思主义科学真理同中国实际相结合、追求人类美好生活的光辉典范。在总结历史经验教训的基础上，中国共产党人更加清醒地认识到，“马克思主义必须是同中国实际相结合的马克思主义，社会主义必须是切合中国实际的有中国特色的社会主义”[①]。党的十八大以来，习近平总书记注重从中华优秀传统文化中汲取治国理政智慧，秉承中华民族追求美好梦想的不懈追求，创造性地将中国人民追梦圆梦的伟大历程同中国特色社会主义实践有机对接，这既符合共产主义远大理想，又契合中华民族的心理基础和精神信仰。这也标志着，在探索什么是社会主义、如何坚持和发展中国特色社会主义的过程中，中国共产党人与时俱进、开拓创新，对大同理想作出了新概括新阐释。

2.实践意义：开创了中国共产党人践行大同理想的新阶段

大同理想，凝结着中国古代先贤对人类共同理想的憧憬和追求，带有关照人类未来发展的特质，具有极强的历史穿透力。无论从产生，还是从远古以来的实践历程看，大同理想自始至终没有脱离过极端低下的物质生产条件。按照马克思历史唯物主义基本原理，人类社会遵循从低级向高级演进的基本规律，一种新的更高的生产关系，只有在它的物质存在条件在旧社会胎胞里成熟后才会出现。这就意味着，大同理想的实现，是建立在以先进的物质生产关系为核心的综合基础之上的，这也是决定大同理想转变为现实的关键一环。

---

① 邓小平:《邓小平文选》第3卷，人民出版社1993年版，第63页。

党的十八大以来，以习近平同志为核心的党中央团结人民接续奋斗，奠定了新时代中国特色社会主义发展的坚实基础。改革开放40年来，中国特色社会主义显示出巨大生机和活力，极大地坚定了党领导人民实现中国梦的信心。在经济领域，中国用几十年的时间走过了西方几百年才走完的工业化城市化道路，创造了经济发展的“中国奇迹”；在政治领域，中国坚持党的领导、人民当家作主和依法治国有机统一，充分借鉴其他国家治理经验，表现出巨大的制度优势；在文化领域，中国发展面向现代化、面向世界、面向未来的，民族的科学的大众的社会主义文化，涵养中国特色社会主义事业发展壮大；在社会领域，坚持保障和改善民生，不断满足人民群众日益增长的美好生活需要。这些成就的取得，为中华民族在新的起点上追求和实现大同理想打下了牢固基础。

3.历史意义：预示了大同理想的光明前景

大同理想作为一种理想追求，蕴含着至真至诚、崇善向美的理念和情怀。同时，由于经济、社会、历史、阶级等诸多因素影响，其局限性也不可避免。恩格斯指出：“历史从哪里开始，思想进程也应当从哪里开始，而思想进程的进一步发展不过是历史进程在抽象的、理论上前后一贯的形式上的反映。”[①]在这个意义上，中国梦是历史的、现实的，也是未来的。中国梦凝结了几代中国人的不懈探索和精神追求，体现了中华民族和中国人民的整体利益。党的十八

① 马克思、恩格斯:《马克思恩格斯选集》第2卷，人民出版社2012年版，第14页。

大以来，党领导人民持续奋斗，“解决了许多长期想解决而没有解决的难题，办成了许多过去想办而没有办成的大事，推动党和国家事业发生历史性变革”[①]，推动中国特色社会主义进入新时代，开启了中华民族伟大复兴的新征程。而反观外部世界，自20世纪90年代以来，许多国家盲目学习西方，结果导致有的国家亡党丧权，有的陷入严重的社会危机不能自拔，有的在西方资本主义的阴影下亦步亦趋。这些历史和现实的经验教训深刻启示我们，只有社会主义才能救中国，只有中国特色社会主义才能发展中国，只有坚持和发展中国特色社会主义才能指引中华民族实现伟大复兴的中国梦，迎来大同社会的美好前景。

三、构建人类命运共同体，开拓公道思想新境界

在中华文化视域下，从公道思想到人类命运共同体思想，一以贯之地体现了中国对和谐世界的积极建构和对人间正道的自觉追求。在马克思主义语境中，构建人类命运共同体，集中体现了新时代中国共产党人对中国特色社会主义发展前景和世界历史趋势的深度思考，比较系统地回答了“世界怎么了、我们怎么办？”[②]的世界难题。人类命运共同体思想内涵丰富，开创了公道思想的新境界。

---

① 本书编写组：《中国共产党第十九次全国代表大会文件汇编》，人民出版社2017年版，第7页。

② 习近平：《习近平谈治国理政》第2卷，外文出版社2017年版，第537页。

（一）人类命运共同体思想的基本内涵

人类命运共同体思想极其丰富深刻，其最基本、最核心的内容即党的十九大报告所指出的，“建设持久和平、普遍安全、共同繁荣、开放包容、清洁美丽的世界”[①]。

1.持久和平

人类命运共同体是平等相待、互商互谅的政治共同体。要和平、不要战争，是各国人民的真实愿望。由于自然、历史、文化、传统和国情不尽相同，不同民族和国家也往往具有不同的发展模式。建设持久和平的人类命运共同体，首先，要在尊重人民平等权利及自决原则基础上发展对外关系。各国应彼此尊重对方国际人格，互相尊重主权和领土完整，摒弃霸权主义思维和丛林法则，通过协商对话解决争端、化解分歧、增进团结、扩大共赢。反对干涉别国内政，反对以大压小、以强凌弱、以富欺贫，倡导走“‘对话而不对抗，结伴而不结盟’的国与国交往新路”[②]，探索不针对第三方、具有包容性和建设性的新型国家关系。其次，各国无论体量大小、发展先后、国力强弱、意识形态有无差异，作为人类命运共同体的一员，都应求同存异、聚同化异，为维护地区稳定与世界和平发展作贡献。

① 本书编写组：《中国共产党第十九次全国代表大会文件汇编》，人民出版社2017年版，第47页。

② 习近平：《习近平谈治国理政》第2卷，外文出版社2017年版，第523页。

2.普遍安全

人类命运共同体是公道正义、共建共享的安全共同体。当今世界，国际安全形势动荡复杂。在传统安全方面，以美国为首的霸权主义、强权政治势力频繁对他国进行经济、政治、军事威胁和文化渗透，激化矛盾。此外，恐怖主义、网络安全、重大传染性疾病、气候变化等非传统安全威胁持续蔓延，人类面临许多共同挑战。因而，世界各国的安全利益不再是孤立的、绝对的，而是相互依存、休戚与共，没有哪一个国家能够独善其身。建设普遍安全的人类命运共同体，就必须“摒弃一切形式的冷战思维，树立共同、综合、合作、可持续安全的新观念”①。要统筹应对传统和非传统的安全威胁，加强沟通、增进互信、开展务实安全合作，通过对话促进本国和地区安全，尊重和保障每一个国家的安全权益。各国既要行使平等参与地区安全事务的权利，也要履行维护地区安全的义务，用实际行动保障世界安全。

3.共同繁荣

人类命运共同体是开放创新、包容互惠的经济共同体。经济全球化是不可改变的历史潮流，逆经济全球化而动不仅背离人类历史发展趋势，更无助于实现本国人民利益。2008年国际金融危机的爆发与蔓延证明，放任资本逐利，其结果必将引发新一轮经济危机。因此，各国应从资本逻辑为主导的经济全球化转到均衡、普惠、共赢的发展方向，使经济发展成果更多更好地惠及各国人民。习近平

① 习近平:《习近平谈治国理政》第2卷，外文出版社2017年版，第523页。

总书记特别指出："各国要同舟共济，而不是以邻为壑。""要维护世界贸易组织规则，支持开放、透明、包容、非歧视的多边贸易体制，构建开放型世界经济。"[①]因而，建设共同繁荣的人类命运共同体，各国要增强自身发展能力，营造良好的国际发展环境和外部制度环境，共同推动建立和衷共济、合作共赢的开放型世界经济。

4.开放包容

人类命运共同体是和而不同、兼收并蓄的文明共同体。习近平总书记指出："文明相处需要和而不同的精神。只有在多样中相互尊重、彼此借鉴、和谐共存，这个世界才能丰富多彩、欣欣向荣。"[②]人类文明的历史是各个民族多样文化发展的历史。任何一种文化形态都是人类文明的结晶，都为推动人类社会的发展作出了应有的贡献，没有高低之别，更无优劣之分。人类文化交流的历史实践表明，文化的多样性、交融性是文化进步发展的重要动力。建设开放包容的人类命运共同体，各国应坚持兼容并蓄、平等相待、互学互鉴的原则，推动不同文明之间的真诚对话，在交流中加深了解，为增进各国人民友谊、推动人类社会进步贡献力量。

5.清洁美丽

人类命运共同体是尊崇自然、绿色发展的生态共同体。工业文明在给人类社会带来无比丰富的物质财富的同时，也造成人与自然

① 习近平：《习近平谈治国理政》第2卷，外文出版社2017年版，第542—543页。

② 习近平：《习近平谈治国理政》第2卷，外文出版社2017年版，第524页。

的关系趋紧。资源的过度开发与消耗和污染物质的大量排放，导致全球性资源短缺、环境污染和生态破坏。这些问题，越来越严重地威胁到人类自身的生存和发展。习近平总书记指出："国际社会应该携手同行，共谋全球生态文明建设之路，牢固树立尊重自然、顺应自然、保护自然的意识，坚持绿色、低碳、循环、可持续发展之路。"[①]建设清洁美丽的人类命运共同体，各国要妥善解决工业化带来的弊端，拓宽生产发展、生活富裕、生态良好的文明发展道路。要坚持绿水青山就是金山银山的理念，共同应对气候变化带来的挑战，携手构筑健康持续的全球生态体系。

（二）人类命运共同体思想对公道思想的承进

1.共存：地域意义上的承进

人类命运共同体的存在前提，是世界范围内各国的命运与共。在空间意义上，人类命运共同体思想是对公道思想的超越，主要表现为：首先，从产生背景看，公道思想在生产力低下的农业社会中产生，自然经济占主导地位，封闭半封闭的小农生产方式限定了当时人们的生活方式和思维方式。无论公道思想阐述的"大道之行也，天下为公"，"选贤与能，讲信修睦"，还是"谋闭而不兴，盗窃乱贼而不作"，其所指涉的地理范围主要在中国国内。人类命运共同体思想则完全是近代的产物。15—16世纪，伴随着地理大发现，资

① 习近平：《习近平谈治国理政》第2卷，外文出版社2017年版，第525页。

本主义开始疯狂殖民扩张，资本逐利的本性推动民族历史向世界历史转变，世界越来越成为一个地球村。某种意义上，正是资本主义生产和价值的双重全球化导致各国生存面临普遍的危机。这些危机，已经完全超出一国的承受范畴，需要世界各国通力合作共同应对。其次，从具体内容看，人类命运共同体所强调的“共存”，是世界多极化、经济全球化、社会信息化、文化多样化深入推进的应对出路，它既包括不同国家、不同民族之间的共存，也包括人类与地球之间、世界经济社会发展与地球生态系统之间、不同国家政党与政党之间、不同国际组织之间等复杂多样的共生共存关系。

2.共赢：秩序意义上的承进

人类命运共同体超越了公道思想的长幼有序、父慈子孝、兄友弟恭等思想，它强调开放、包容，而非封闭、排他。面对复杂多变的国际形势和全球性问题，任何一个国家都不可能一枝独秀。因此，国际社会交往的趋势不是非此即彼、我输你赢、赢者通吃的旧有模式，而是命运与共、休戚相关。这就要求，每个国家在追求自身利益的同时，也应兼顾其他国家的合理诉求；在谋求本国发展的同时，也应为其他国家创造发展的便利条件。可见，人类命运共同体内含“利本国”和“利他国”的双重特征，体现了国际交往中工具理性和价值理性的有机统一。中国是共赢理念的倡导者，也是推动合作共赢的积极践行者。对此，习近平总书记特别指出：“我们要坚持合作共赢，推动建立以合作共赢为核心的新型国际关系，坚持互利共赢的开放战略，把合作共赢理念体现到政治、经济、安全、文化等对外合作的方方面面。”[①]

3.共荣：发展意义上的承进

构建人类命运共同体，是新时代中国共产党人为回答“世界之问”、解决人类问题提供的中国方案，具有鲜明的问题导向性。同时，又顺应世界发展大势，符合各国人民对未来美好生活的期待。因此，构建人类命运共同体是发展的而非凝固的，它既关注当今世界的治理困境，又着眼各国繁荣发展，体现了“万邦和谐，万国咸宁”的共荣格局，有助于凝聚人类发展的价值共识，促进各国共同发展。党的十八大以来，以习近平同志为核心的党中央赋予天下为公全新内涵，“实施共建‘一带一路’倡议，发起创办亚洲基础设施投资银行，设立丝路基金，举办首届‘一带一路’国际合作高峰论坛、亚太经合组织领导人非正式会议、二十国集团领导人杭州峰会、金砖国家领导人厦门会晤、亚信峰会”[②]等，在双边多边合作中发挥重要建设性作用，为推动中国和世界共同繁荣作出了新贡献。

（三）人类命运共同体思想对公道思想的深远意义

1.人类命运共同体思想，厚植公道思想优秀基因，彰显了新时代中国共产党人探寻人间大道的责任担当

党的十八大以来，习近平总书记多次在不同场合深刻阐述天下

---

① 习近平：《习近平谈治国理政》第2卷，外文出版社2017年版，第443页。

② 本书编写组：《中国共产党第十九次全国代表大会文件汇编》，人民出版社2017年版，第6页。

为公思想，将中华民族心有大我、坚守正道的优秀传统发扬光大。习近平总书记指出：“‘大道之行也，天下为公。’当今世界，各国相互依存、休戚与共，我们要顺势而为，推动构建以合作共赢为核心的新型国际关系，打造人类命运共同体。”①从世界范围来看，国际社会正处在大发展大变革大调整时期。人类发展的机遇前所未有，面临的全球性问题数量之多、规模之大、程度之深同样前所未有。对此，习近平总书记明确提出：“中国方案是：构建人类命运共同体，实现共赢共享。”②中国共产党是以马克思主义为指导的无产阶级政党，为全人类解放事业不懈奋斗是中国共产党人的基本诉求。一方面，中国共产党是坚持和发展中国特色社会主义事业的坚强领导核心，以为中国人民谋幸福、为中华民族谋复兴为初心和使命。另一方面，中国共产党也是“为人类进步事业而奋斗的政党”③。中国共产党将中国发展同世界发展相统一，体现了“世界好，中国才能好；中国好，世界才更好”④的基本逻辑。人类命运共同体思想是习近平新时代中国特色社会主义思想的重要组成部分，它继承了中华文明“以和邦国”“和而不同”“以和为贵”的优良传统，体现了“协和万邦”“四海之内皆兄弟”“美美与共”的天下观，超越了西方

---

① 习近平：《同舟共济、扬帆远航，共创中拉关系美好未来——在秘鲁国会的演讲》，载于《光明日报》2016年11月23日。

② 习近平：《习近平谈治国理政》第2卷，外文出版社2017年版，第539页。

③ 本书编写组：《中国共产党第十九次全国代表大会文件汇编》，人民出版社2017年版，第46页。

④ 习近平：《习近平谈治国理政》第2卷，外文出版社2017年版，第545页。

传统的国际关系范式，展现了新时代中国共产党人对国际事务的负责态度和对人类命运的担当精神。

2. 人类命运共同体思想，依托中国特色社会主义成功实践，为世界公道发展贡献了中国智慧

公道思想熔铸于中华民族血脉之中。中国共产党是中华优秀传统文化的忠实传承者和弘扬者，肩负着将中华文明的价值基因和独特优势转化为中国特色社会主义事业精神滋养的时代责任。中国共产党成立后，就担负起新的文化使命，在实践中总结、提升、创造，为党和人民事业发展不断注入新鲜活力，为促进世界公平与发展贡献力量。习近平总书记指出："方向决定道路，道路决定命运。中国特色社会主义不是从天上掉下来的，是党和人民历尽千辛万苦、付出巨大代价取得的根本成就。"[①]我们之所以能够取得这样的伟大成就，归根到底，就是成功走出了一条中国特色社会主义道路。这条道路，将马克思主义普遍真理同中国革命、建设和改革实际紧密结合，既坚持马克思主义又发展马克思主义，"既坚持以经济建设为中心，又全面推进经济建设、政治建设、文化建设、社会建设、生态文明建设以及其他各方面建设；既坚持四项基本原则，又坚持改革开放；既不断解放和发展社会生产力，又逐步实现全体人民共同富裕、促进人的全面发展"[②]，是一条不同于西方传统的发展模式。这

---

① 习近平：《习近平谈治国理政》第2卷，外文出版社2017年版，第36页。

② 习近平：《习近平谈治国理政》第1卷，外文出版社2018年版，第9页。

条道路，打破了西方发达国家所宣扬的“文明与野蛮”的二元认知，使科学社会主义在中国焕发出强大生机活力。以中国特色社会主义成功实践为基础的人类命运共同体思想，将新中国成立以来特别是改革开放以来的发展理念、发展经验和发展成果同世界各国分享，“拓展了发展中国家走向现代化的途径，给世界上那些既希望加快发展又希望保持自身独立性的国家和民族提供了全新选择，为解决人类问题贡献了中国智慧和中国方案”[①]。

3.人类命运共同体思想，契合共产主义理想价值追求，反映了世界历史的发展趋向

中国传统的公道思想，强调“公”和“共”。在广泛意义上，公道思想所突出的人间大道，即从“私”走向“公”的过程，倡导“天下归天下人所有”。这一根本的价值取向，决定了其与马克思主义最高理想有诸多相通相合之处。从理论内涵来看，马克思、恩格斯深刻分析资本主义基本矛盾，作出“两个必然”的科学预断，指出“资产阶级的灭亡和无产阶级的胜利是同样不可避免的”[②]。此外，马克思在《〈政治经济学批判〉序言》中进一步强调：“无论哪一个社会形态，在它所能容纳的全部生产力发挥出来以前，是决不会灭亡的；而新的更高的生产关系，在它的物质存在条件在旧社会的胎胞

① 本书编写组：《中国共产党第十九次全国代表大会文件汇编》，人民出版社2017年版，第9页。

② 马克思、恩格斯：《马克思恩格斯文集》第2卷，人民出版社2009年版，第43页。

里成熟以前，是决不会出现的。”[①]可以说，马克思主义经典作家一方面承认资本主义向社会主义、共产主义转变的长期性和曲折性。另一方面，坚定这一转变的总趋势不可改变。这就是说，人类终将走向“每个人的自由发展是一切人的自由发展的条件”的联合体，即共产主义社会。

需要指出的是，在资本主义与社会主义两种主义、两种制度、两种价值体系在时间上并存、在空间上共处的条件下，如何处理二者的关系，马克思、恩格斯并未作出具体明确的回答，而人类命运共同体思想恰是对这一历史课题的时代回应。党的十八大以来，习近平总书记在继承中创新，把中华民族传统的公道思想同共产主义理想有效衔接，努力推动构建人类命运共同体。这一思想主张，承认“和平、发展、公平、正义、民主、自由”[②]是全人类的共同价值，倡导各国共同掌握世界命运，共同书写国际规则，共同治理全球事务，共同分享发展成果，回答了“我们从哪里来、现在在哪里、将到哪里去？”[③]的系列重大问题，描绘了人类发展的美好蓝图。

① 马克思、恩格斯：《马克思恩格斯文集》第2卷，人民出版社2009年版，第592页。

② 习近平：《习近平谈治国理政》第2卷，外文出版社2017年版，第522页。

③ 习近平：《习近平谈治国理政》第2卷，外文出版社2017年版，第537页。

后　记

“文化三源”系列丛书，由中共山东省委宣传部组织编写。山东省委高度重视，省委常委、秘书长王清宪亲自主持总体策划，明确研究方向，提出写作思路，组织论证研讨。省委常委、宣传部部长关志鸥对丛书编写工作进行重点安排部署，多次主持调度，有力保障课题研究顺利推进和丛书最终完成。

本书由山东师范大学商志晓、孙书文具体组织撰写。在本书编写过程中，商志晓教授负责全书设计和文稿最终审订，万光侠教授具体负责人员分工并组织实施。彭耀光、孙清海、孙书文、王增福、史家亮参与提纲的讨论，负责具体章节的撰写，李伟、万笑男贡献了宝贵的智慧。具体章节分工如下：第一章由彭耀光撰写；第二章由孙清海撰写；第三章由孙书文、赵红芳撰写；第四章由左腾飞、王硕撰写；第五章由寇美琪、王硕、朱文琦撰写。

感谢各位学者在不同场合提出的意见建议！感谢出版社编辑付出的辛苦劳动！因撰写者的能力所限，相关论述中还存在不足之处，期待方家指正！

本书编写组

2018年11月